# 大安寺の歴史を探る

大安寺歴史講座2

森下惠介

# 大安寺の歴史を探る

目次

# 目次

# はじめに

「笹酒」「竹供養」「癌封じ」のお寺ということで、大安寺をご存じの方はおられるでしょう。

でも、奈良時代の平城京左京で、平城京右京の薬師寺よりも壮大な伽藍を持つ国家第一のお寺だったということをご存じの方は、残念ながらあまりにも少ないようです。

大安寺の前身は、七世紀の飛鳥時代に、磐余《いわれ》や飛鳥の地に営まれた百済大寺、高市大寺、大官大寺で、いずれも「大寺」という名がついています。

七世紀の後半に飛鳥にあった都の寺のなかで、大官大寺、薬師寺、飛鳥寺、川原寺が大寺とされ、こうした大寺が平城遷都によって平城京へ移されるのです。

奈良時代の『続日本紀』では、大安寺、薬師寺、元興寺、興福寺という記載順が決まっていたようです。この記載順が寺格を表すと見れば、大安寺が最も格の高い寺院で、大寺の筆頭であったと思われます。

古文書では大安寺が、「大寺」あるいは「大官寺」と呼ばれていたこともわかります。
東大寺や西大寺が造られて、大安寺は「南大寺」とも呼ばれるようになりますが、
「大寺」とは、本来は大安寺のことであったのです。
東の大寺（東大寺）、西の大寺（西大寺）というのは、
大寺である大安寺に対しての呼称なのかもしれません。
大寺というのは、文字どおり「大きなお寺」という意味です。
発掘調査でわかる大安寺の建物規模は確かに大きいものです。
大安寺の前身である大官大寺の「大官」とは、天皇（大王・おおきみ）のことで、
「おおきみのおおてら」の「大寺」とは、単にその規模を言うだけでなく、
天皇が造った「偉大なおおきみの寺」という意味を持っていたと考えられています。
大安寺こそは奈良の都、平城京において、古代国家第一の寺であったのです。
大安寺に残る遺跡のなかで、七重塔であったという東西の塔跡の巨大な土壇は、
古くから知られていました。
そして大正十年（一九二一年）に国の史蹟に指定されたのですが、

旧境内の地下に残されたかつての壮大な伽藍が徐々にわかってきたのは、
戦後、発掘調査が行われるようになってきてからです。
昭和二十九年（一九五四年）に行われた南大門、中門跡の発掘調査が最初で、
昭和三十九年（一九六四年）、昭和四十一年（一九六六年）には
大安寺小学校の増改築に伴って、講堂、東西楼、西僧房などの遺跡が明らかになりました。
こうして昭和四十三年（一九六八年）には、旧境内全域が国の史跡に指定されています。
ただ、伽藍の中心部分に小学校があり、旧大安寺村の中心でもあったことから人家も
かなり密集しています。大がかりな発掘調査がなかなか難しいのですが、
国史跡の管理団体が奈良市であることから、奈良市の
埋蔵文化財調査センターが、人家の建替えに伴う
小規模な発掘調査や、史跡整備事業に伴う発掘調査を
継続して行ってきました。
こうした調査の積み重ねでわかったことなどを踏まえ、
お話をさせていただきます。

# 第一部　大寺の創建

▲吉備池廃寺周辺航空写真

## 完全に残る『大安寺伽藍縁起幷流記資財帳』

　大安寺の創建の経緯を記しているのが、大安寺歴史講座Ver.1で菅谷文則先生もとりあげられた『大安寺伽藍縁起幷流記資財帳《だいあんじがらんえんぎならびにるきしざいちょう》』（以下、『資財帳』と略）です。原本は現在、重要文化財として千葉県佐倉市にある国立歴史民俗博物館の所蔵になっていますが、大安寺の由緒と、奈良時代の大安寺の財産を書きあげた財産目録といえるものです。

　天平十八年（七四六年）十月十四日の僧綱《そうごう》の命により、『資財帳』が作成されることになりました。僧綱とは、僧尼を管理するためにおかれた僧官で、僧尼を統括する僧正《そうじょう》、僧《そう》都《ず》、律師《りっし》という役職があり、僧綱所は奈良時代には薬師寺に置かれていました。この僧綱所から、寺の由緒、つまり創立の経緯や財産の目録を提出せよという命令があり、大安寺の三綱《さんごう》が、翌年の天平十九年（七四七年）二月十一日に『資財帳』を進上したのです。三綱とは、各寺院において寺院を管理・運営している僧職で、寺の最高責任者である上座《じょうざ》、事務・経営の責任者である寺主《じしゅ》、僧尼の監督責任者である都維那《ついな》の三名で構成されます。

法隆寺や西大寺のものは断片しか残っていないのですが、大安寺の『資財帳』は完全に残っています。大安寺の三綱から僧綱へ提出して、認められて大安寺に返却された原本、あるいは提出時の副本だという説もありますが、いずれにせよ奈良時代のものが残されています。

この『資財帳』の縁起の部分、つまり大安寺の起源と沿革を記した部分については、奈良時代の大安寺による主張ですので、書かれていることのすべてが事実であるとは認めにくいところがあります。いわば説話的、伝説的な内容も多いのですが、奈良時代の大安寺が考えていた「大安寺の歴史」というべきものを知ることができます。

## 聖徳太子を見舞うところから話は始まる

まず『資財帳』の縁起の部分をここに掲載します。

「大安寺三綱言上《さんごうごんじょう》す　伽藍縁起并《なら》びに流記《るき》資財帳　初め飛鳥岡基宮《おかもとのみや》に御宇天皇《あめのしたしらしすめらみこと》（舒明）、未《いま》だ位《くらい》に登極《とうぎょく》せざりしとき　号して田村皇子《たむらのみこ》と曰う、是の時、小治田宮《おはりだのみや》に御宇太帝《たいてい》天皇（推古）、田村皇子を召し、以て飽浪葦墻宮《あくなみのあしがきのみや》に遣わし、厩戸皇子《うまやどのみこ》（聖徳太子）の病を問わしむ、勅《の》りたまわく、「病状や如何、思い欲する事在るや、楽《ねが》い求むる事在るや」、復命すらく、「天皇の頼《たのみ》を蒙り、楽《ねが》い思う事なし、唯だ臣《しん》い羆凝《くまごり》村に始め道場在り、仰ぎ願わくは古の御世御世《みよみよ》の帝皇・将来の御世御世の御宇帝皇のおんために、此の道場を大寺と成し営造せんと欲す、伏して願わくは此の一願恐《いちがんかしこ》み朝庭《みかど》に譲り献《たてまつ》らん」と奏しき、太皇天皇受け賜わり已《すで》に訖《おわ》んぬ、又退くこと三箇日の間、皇子《みこ》私《ひそか》に飽浪《あくなみ》に参り向い、御病状を問う、ここに上宮皇子命《じょうぐうのみこのみこと》（聖徳太子）、田村皇子に謂いて曰く、「愛しきかな善かな、汝姪男《おい》自ら来たり吾が病を問う、吾れ慶びと思うがため財物を奉《たてまつ》るべし、然るに財物は亡び易くして永く保つべからず、但し三宝《さんぽう》の法は絶えずして以《もっ》て永く伝うべし、故に羆凝《くまごり》寺を以て汝に付けん、宜しく承《うけたまわ》りて永く三宝の法を伝うべし」てえり、田村皇子命《めい》を奉り大いに悦《よろこ》び再拝して白《もう》して曰《いわ》く、「唯だ命を受け賜わりて遠き皇祖《こうそ》并《なら》びに大王及び天下《あめのした》を継ぎ治《しろしめ》す天皇の御世御世のおんために、絶えず此の寺を流伝《るでん》せん、仍《よっ》て妻子を率将《ひき》い、衣《ころも》を以て土を斎《つつし》み裏《つつ》み営み成して、永く三宝を興《おこ》し、皇祚窮《こうそきわま》ること無からん」と白《もう》す、後の時、天皇（推古）崩ずるに臨む日、田村皇子を召し遺詔《いしょう》すらく、「皇孫《こうそん》、朕《わ》が病篤《あつ》し、今汝位《いまなんじくらい》に登極《とうぎょく》し、宝位《ほうい》を授け奉らん、上宮皇子《じょうぐうのみこ》と与《とも》に朕《わ》が羆凝寺を譲り、亦《ま》た汝にも授けり、此の寺後《てらのち》の世に流伝せよ」と勅《の》りたまいき、仍《よっ》て天皇（舒明）位に即く、十一年歳次己亥《さいじきがい》春二月、百済川の側《ほとり》に、子部《こべ》の社《やしろ》を切り排《ひら》きて、寺家《じけ》を院《いん》し、九重塔《きゅうじゅうのとう》を建て、三百戸の封を入れ賜い、号《ごう》して百済大寺《くだらのおおてら》と曰う、（以下続く）」

『資財帳』の縁起の部分に書かれている内容について、わかりやすくお話していきましょう。『資財帳』の縁起の部分は「大安寺三綱《さんごう》言上す」という言葉から始まり、「初め飛鳥岡基宮に御宇天皇」と続きます。この岡基宮《おかもとのみや》の御宇天皇《あめのしたしらしすめらみこと》とは舒明《じょめい》天皇のことです。

舒明天皇というのは、父が敏達《びだつ》天皇の子である押坂彦人大兄皇子《おしさかひこひとおおえのみこ》。そして舒明天皇の皇子が、天智《てんじ》天皇や天武《てんむ》天皇となります。皇后が宝皇女《たからのひめみこ》、後の皇極《こうぎょく》（斉明《さいめい》）天皇です。舒明天皇は飛鳥奈良時代の王統の始祖になる天皇（大王）といえます。

その舒明天皇が天皇につかれる前、まだ田村皇子という名前であった頃のことです。推古天皇（「御宇太帝天皇」）が田村皇子《たむらのみこ》に命じて、飽浪葦墻宮《あくなみのあしがきのみや》で病に臥せっておられる聖徳太子の見舞いに行かせたというお話から始まります。

聖徳太子の飽波葦墻宮については、斑鳩町阿波《あわ》の上宮《かみや》遺跡付近に求める説と、安堵町《あんどちょう》の飽波《あくなみ》神社付近に求める説があります。上宮遺跡からは、奈良時代の神護景雲元年（七六七年）に称徳天皇の行幸のあった飽浪宮跡と考えられる遺構が見つかっています。

病気見舞いのときに聞くことは昔も今もあまり変わりがないようです。田村皇子が「お加減はいかがですか。ほしいもの、したいことはありませんか」というようなことをお尋ねしたところ、聖徳太子がおっしゃったのは、「羆凝《くまごり》村というところにある私が造った道場、それを大きなお寺にしてほしい」ということだったのです。

田村皇子は帰って、このことを推古天皇に伝え、それから三日後にまたお見舞いに行ったところ、聖徳太子が田村皇子に「うれしいので財物《ざいもつ》を譲りたいが、財物よりも三宝の法（仏の教え）のほうが重要だから、羆凝の寺をあなたに譲る」とおっしゃったというのです。

推古天皇は亡くなるとき田村皇子に皇位を譲り、「羆凝寺を後世に広く伝えよ」と言い残されました。田村皇子が舒明天皇となって十一年後（六三九年）、「百済川《くだらがわ》の側に子部《こべ》の社《やしろ》を切りひらきて、寺家を院し、九重塔を建て、三百戸の封を入れ賜い、号して百済大寺《くだらのおおてら》と曰う」とあります。これが大安寺の起こりだと『資財帳』の縁起部分は記しています。

## 大安寺の始まりは聖徳太子の羆凝精舎《くまごりしょうじゃ》か

『資財帳』の縁起部分を読んできましたが、この伝承には疑問がいくつかあるのです。まず最初に、なぜ聖徳太子は見舞いに訪れた田村皇子に羆凝精舎を譲り、後のことを託されたのか、ということです。羆凝精舎を大きくしたいというのであれば、わが子の山背大兄皇子《やましろおおえのみこ》に託したほうがいいのではないでしょうか。

そしてもうひとつ、舒明天皇がなぜ即位して十一年もたってから、百済大寺の造営を始めたのか、ということです。聖徳太子や推古天皇の遺言であれば、即位してすぐに着工すればいいのに、なぜ十一年になって着工したのかが、疑問として浮かんできます。

推古天皇の崩御ののち、山背大兄皇子と田村皇子のいずれが皇位（王位）につくか、群臣の意見が二分したということが『日本書紀』の記載からわかります。結局は蘇我氏が田村皇子を推し、田村皇子が天皇（大王）に即位しました。このことから、聖徳太子が羆凝精舎を田村皇子に譲った、後事を託したという話は、聖徳太子の皇子である山背大兄王を退けて即位したという「即位の正当性」を主張するためのものではないか、と考えられます。舒明天皇の王位継承の妥当性を言わんがために、『資財帳』の縁起は、百済大寺と聖徳太子の羆凝精舎を結びつけたのではないかということです。

羆凝精舎については、平端《ひらはた》にある額安寺《がくあんじ》（額田寺《ぬかたでら》）が羆凝（熊凝）精舎とする説があります。額安寺が熊凝精舎であると言われ始めるのは、鎌倉時代くらいのことです。平安時代の『三代実録《さんだいじつろく》』（十世紀初め）や『扶桑略記《ふそうりゃっき》』（十一世紀末頃）には、平群郡の熊凝精舎を遷したのが百済大寺であると記されていますが、熊凝精舎が額田寺であるとは書かれていません。鎌倉時代中期に成立したとみられる『聖徳太子伝私記』に、聖徳太子が建てたお寺だとする「四十六箇寺院」が出てきて、そのひとつに「熊凝寺《くまごりでら》　同（大和）国平群郡《へぐりぐん》額田部郷《ぬかたべごう》額田寺也　今大安寺本寺也」として熊凝精舎があります。額田寺の後身である現在の額安寺周辺から出土する瓦には、七世紀前半のものがあり、その創建が古く遡ることがわかりますが、大安寺や大官大寺との関係をうかがわせるような文様をもつ瓦は一点も出土していません。

額田寺は額田《ぬかた》氏の氏寺であり、奈良時代に大安寺の造営にあたった高僧の道慈《どうじ》がこの額田氏の出身で、額田寺を額安寺という名に改めたのも道慈だとされます。こうしたことから、「聖徳太子の飽浪葦墻宮《あくなみのあしがきのみや》は平群の地にあった」「熊凝精舎も平群にあった」「熊凝精舎は大安寺の道慈と縁のある平群郡にある額田寺」、そして額田寺は道慈の氏寺であったために、羆凝精舎と額田寺（額安寺）が結びつけられていったと考えることができます。

聖徳太子の羆凝精舎は実在したとしても、飽浪葦墻宮に付属した小さな仏堂、いわば持仏堂のようなものであったのかもしれません。

## 百済大寺は天皇家が初めて造営した寺院

『日本書紀』の舒明天皇十一年（六三九年）にはこのようにあります。

「秋七月に詔《みことのり》してのたまはく、今年大宮《おおみや》及び大寺《おおてら》を造作《つく》らしむとのたまふ。則ち百済川のほとりを以て宮処とす。是を以て、西の民は宮を造り、東の民は寺を作る」

西国から動員された人々は宮殿を造り、東国から動員された人々は寺を造るというように、広範な動員が行われ、百済宮と百済大寺、つまり王宮とセットで大寺が造られたことがわかります。大宮と大寺が対になっているのは、大寺というのが、大王とその王宮を擁護するものであったためと考えられます。

百済大寺は、天皇（大王《おおきみ》）が建立を発願した寺院であり、天皇家（大王家）が最初に造営した寺院です。これ以前に天皇が建てた寺院はありません。それ以前の飛鳥寺は、蘇我氏が建てた蘇我氏の氏寺です。斑鳩寺（法隆寺）は聖徳太子、上宮王家《じょうぐうおうけ》が建てた寺です。

大王（おおきみ）が造営した寺であることから「大寺」の名で呼ばれ、それが百済の地に建てられたので「百済大寺《くだらのおおてら》」と呼ばれたと考えられます。

## 九重の大塔で蘇我氏を圧倒

同じ年の十二月には「是の月に百済川のほとりに、九重の塔を建つ」とあり、九重塔という大きな塔が造営されていることがわかります。

この九重塔という大塔は、それ以前にある蘇我氏の飛鳥寺を凌駕する、大王家のシンボルとして建てられたのだと考えてよいでしょう。そして、この大塔の伝統が、その後の大官大寺あるいは大安寺の塔に継承されると考えてよいかと思います。

舒明天皇は山背大兄をおさえ、蘇我氏に推されて即位したのですが、血縁的には蘇我氏とは全く無関係です。父は敏達《びだつ》天皇の皇子である押坂彦人大兄皇子《おしさかひこひとおおえのみこ》、母は異母妹である糠手媛《ぬかでひめ》（田村皇女《たむらのひめみこ》）で、蘇我氏とは関係がありません。蘇我氏と全く関わりを持たない大王であったから、その子の中大兄皇子（天智天皇）も蘇我入鹿《いるか》を除くクーデター、すなわち乙巳《いっし》の変（大化の改新）を起こすことができたのだとされます。百済宮と百済大寺を建てた百済の地という場所も、蘇我氏の本拠地である飛鳥ではありません。飛鳥からは一定の距離を置いて、蘇我氏の飛鳥寺に対抗するような大寺を造っており、百済大寺の造営は蘇我氏を圧倒する目的があったと考えることもできます。

六世紀の中頃に仏教が伝来し、最初は蘇我稲目《そがのいなめ》の小墾田《おはりだ》の家、あるいは向原《むくはら》の家、馬子の石川の精舎などのように、宅内の持仏堂や捨宅寺院《しゃたくじいん》という程度であったものが、崇峻《すしゅん》天皇元年（五八八年）、最初の本格的な仏教寺院として造られたのが飛鳥寺です。飛鳥寺は蘇我氏によって造られました。斑鳩寺と斑鳩宮は、セットとして聖徳太子の上宮王家によって建てられました。これらは私的な寺院ですが、それに対し、公的なものとして、大王家と王宮を鎮護する寺として造営されたものが、百済大寺であったといえるようです。

『資財帳』の縁起部分には、百済大寺の造営時に「子部《こべ》の社」を切り拓いたため、神の怒りで火災になり、九重塔と金堂の石鴟尾《いししび》（石製の鴟尾）が焼けた、と記されています。九重塔と金堂が舒明天皇の時代に焼けたということです。舒明天皇は、百済大寺の造営に着手した二年後、舒明天皇十三年（六四一年）に百済宮で崩御しますので、舒明天皇の在世中に百済大寺が完成していたとはとうてい考えられません。

## 百済大寺の所在地についての諸説

ここで百済大寺がどこにあったか、ということを見ていきましょう。

百済大寺の所在について『日本書紀』と『資財帳』の縁起が一致するのは、百済川のほとりにあったということです。

平安時代の元慶四年（八八〇年）に「大和国十市郡《といちぐん》百済川辺田一町七段百六十歩」を大

安寺の申請に基づいて返入した、という記事が『三代実録』にあります。この大安寺に返還された「十市郡百済川辺の田」が大安寺の旧地、すなわち、百済大寺の所在地であったとみられます。百済大寺のあった百済川のほとりは、大和の十市郡にあります。

また前述のように『資財帳』の縁起では、寺の造営で子部の社を切り拓いたので、神の怒りを招いて塔と金堂が焼けたと伝えています。近くに、子部の神を祀る神社があったということも、百済大寺の所在を知るひとつの手がかりになります。

実は百済大寺の所在地について、現在の北葛城郡広陵町百済とする説がかつては有力でした。鎌倉時代の三重塔（重要文化財）を持つ百済寺があり、その西側に流れる曽我川を百済川と見なします。近くの橿原市の飯高町には子部神社もありますので、話が合います。

しかし、広陵町百済は、広瀬郡（明治時代に広瀬郡と葛下郡が合併して北葛城郡になりました）であって、十市郡ではありません。広瀬郡は橿原市の北西や広陵町で、十市郡は橿原市の北東部になります。また、広陵町の百済寺周辺からは古代の瓦がほとんど出土しておらず、古代寺院遺跡の存在がうかがえません。さらに百済という地名は、広陵町に限らず、橿原市にもあり、子部という地名も明日香村や桜井市に存在します。

現在、この百済大寺跡の候補として最も有力視されているのが、桜井市の吉備池廃寺《きびいけはいじ》です。

## 吉備池廃寺《きびいけはいじ》の発掘調査、巨大な寺院跡が

吉備池というのは、桜井市吉備（香久山《かぐやま》の東北）に作られた溜池です。江戸時代には奈良盆地にたくさんの溜池が作られました。

この池の南岸に大きな土壇があるということは以前から知られていました。そこには古代の瓦が落ちていることから、瓦を焼いた窯跡ではないかという説や、吉備という地名から、七世紀に中央の貴族になった吉備氏の氏寺の跡ではないかといった説もありました。

この池の護岸工事が行われることになり、古代の瓦が集まって落ちている南側にまで工事が及ぶということで、平成八年（一九九六年）に奈良国立文化財研究所（当時）と桜井市教育委員会によって発掘調査が行われました。

発掘調査の結果、巨大な金堂跡とみられる基壇が発見されました。これによって吉備池廃寺と呼ばれる遺跡が、誰も想像できなかった飛鳥時代の巨大な寺院跡であるということが判明したのです。

このため、伽藍の規模や寺跡がどこまで広がっているかということの確認を目的として、引き続き平成十二年（二〇〇〇年）まで、五か年計画で奈良国立文化財研究所藤原調査部による発掘調査が行われました。

## 吉備池廃寺・文武朝大官大寺と周辺の寺院

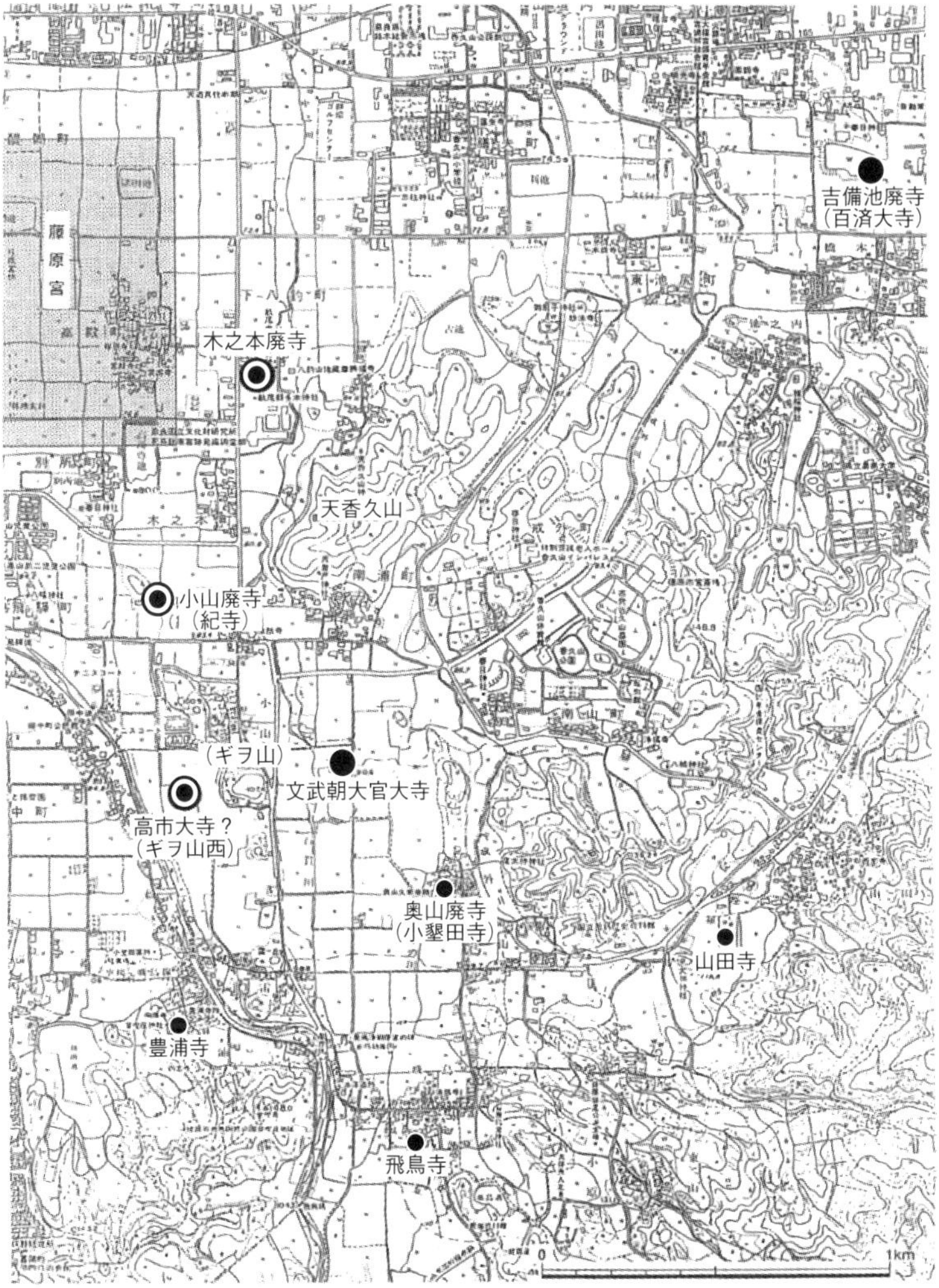


「吉備池廃寺発掘調査報告」から作成

## 大寺にふさわしい九重塔や伽藍の巨大さが明らかに

五年におよぶ発掘調査の結果、池の東南にある土壇が金堂跡で、池の南岸の堤防が屈曲しているところが塔跡だということがわかりました。金堂の基壇は東西約三七メートル、南北が約二五メートル、塔跡の基壇は一辺が約三二メートルという破格の大きさでした。

金堂の遺構は、上面が全部削られていますので、礎石や礎石を据えつけるための根石などは残っていませんが、基壇を築くために地表を約一メートル掘りこみ、古墳の墳丘を積みあげていくように粘土と砂を互層に突き固め、版築《はんちく》で基壇を造っています。外周には石を入れた溝を巡らせています。これによって、おおよその大きさがわかり、桁行七間、梁間四間くらいの金堂が想定されます。基壇の外装も全く残っていませんが、石ではなくて木製の基壇外装の可能性も考えられています。

法隆寺の前身である若草伽藍（斑鳩寺）、飛鳥寺や山田寺、現存する法隆寺の金堂（二二・四メートル×一九・一メートル）などと比較すると、三七メートル×二五メートルという規模をもつ吉備池廃寺の金堂基壇は格段に大きいことがわかります。（25ページ金堂比較参照）

塔跡とみられる西側の版築基壇は一辺約三二メートルの範囲で、中央部に心礎を抜きとったとみられる大きな穴があいています。方七間で、柱間寸法が十一尺（約三・三メートル）くらいの大きな塔が推定できます。現存する法隆寺の五重塔は基壇の一辺が一三・八メートルですから、一辺三二メートルの基壇をもつ塔がいかに大きいかがおわかりいただけると思います。
七重塔である奈良時代の大安寺の塔の基壇が一辺二一メートル、九重塔である大官大寺の塔の基壇が一辺二四メートルですので、それより大きい三二メートルの吉備池廃寺の塔は、九重塔と想定することができます。また、吉備池廃寺の塔と金堂の間の距離は広く、約八五・二メートルあります。この距離は塔の高さと関係するのではないかと考えられます。法隆寺の場合、塔と金堂の間は三一・五メートルで、塔の高さは、現在のものが三一・六メートルですから、金堂と塔の間の距離が長いのは、塔が高いこと、九重塔であったことと関係していると見られます。（25ページ塔比較参照）
中門跡も後世にほとんど削られていますが、雨落溝《あまおちみぞ》の痕跡から東西一二メートル、南北一〇・八メートルくらいの桁行三間×梁間二間の八脚門が想定されます。この中門の位置は、伽藍の中軸線上ではなく、伽藍の中軸線から金堂寄りにあります。さらに左右対称の場所、塔寄りにも中門があって、二：三：二の割合になる位置に二つの中門があると考えられています。
僧房は、金堂の北方で検出されている、並列する東西棟の掘立柱建物ではないかとみられています。講堂跡はまだ見つかっていません。

# 吉備池廃寺

●大安寺関係遺跡位置関係（「大官大寺・飛鳥最大の寺」飛鳥資料館一九八五から作成）

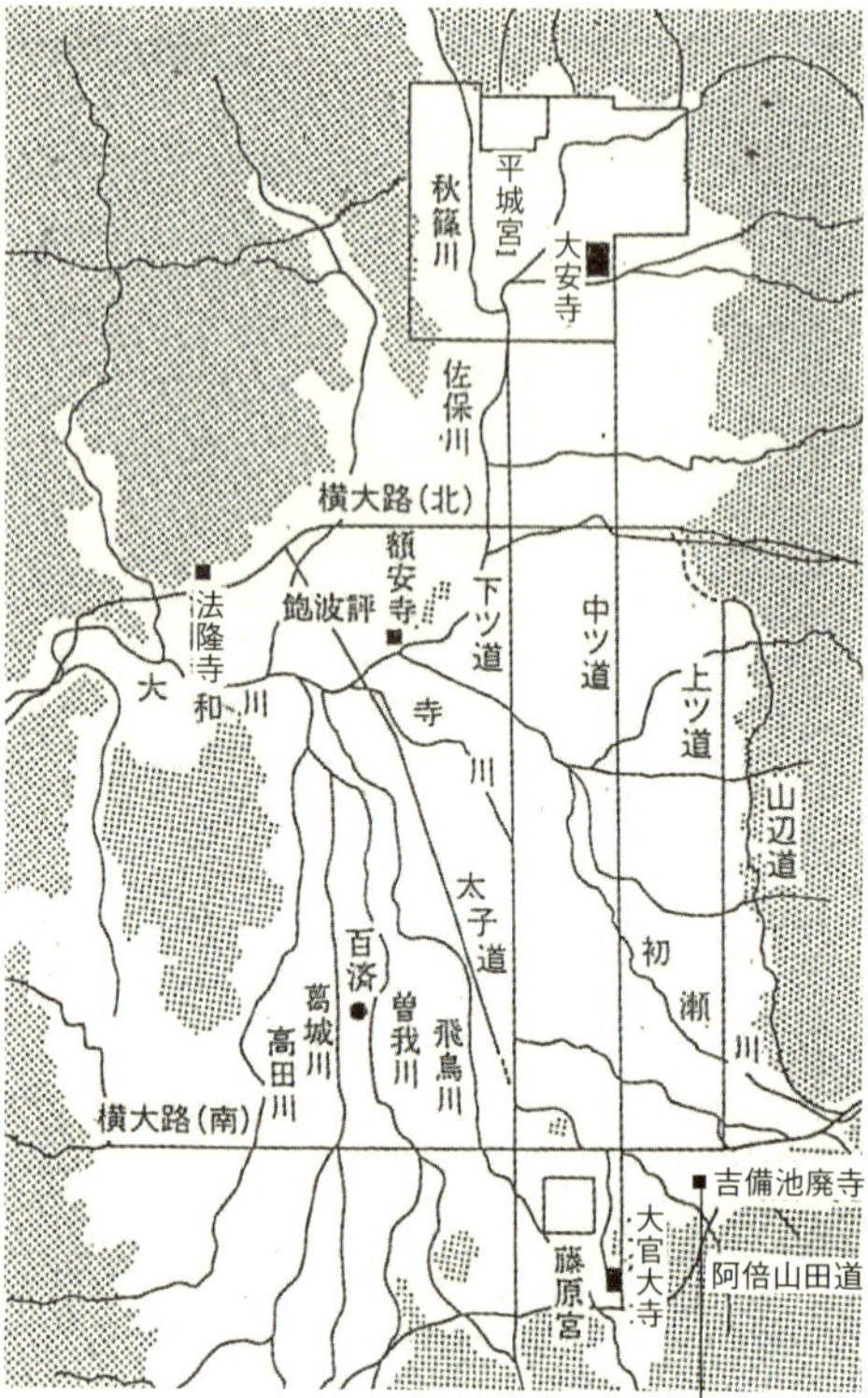


●周辺地図

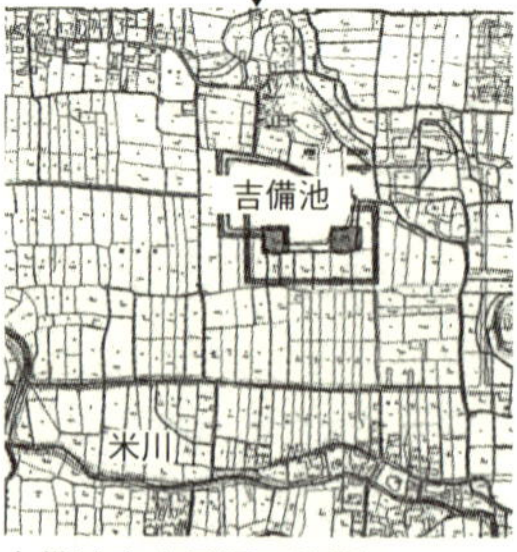


吉備池廃寺周辺の地形
（「吉備池廃寺発掘調査報告」
奈良文化財研究所 2003 から）

●金堂規模の比較

●塔規模の比較

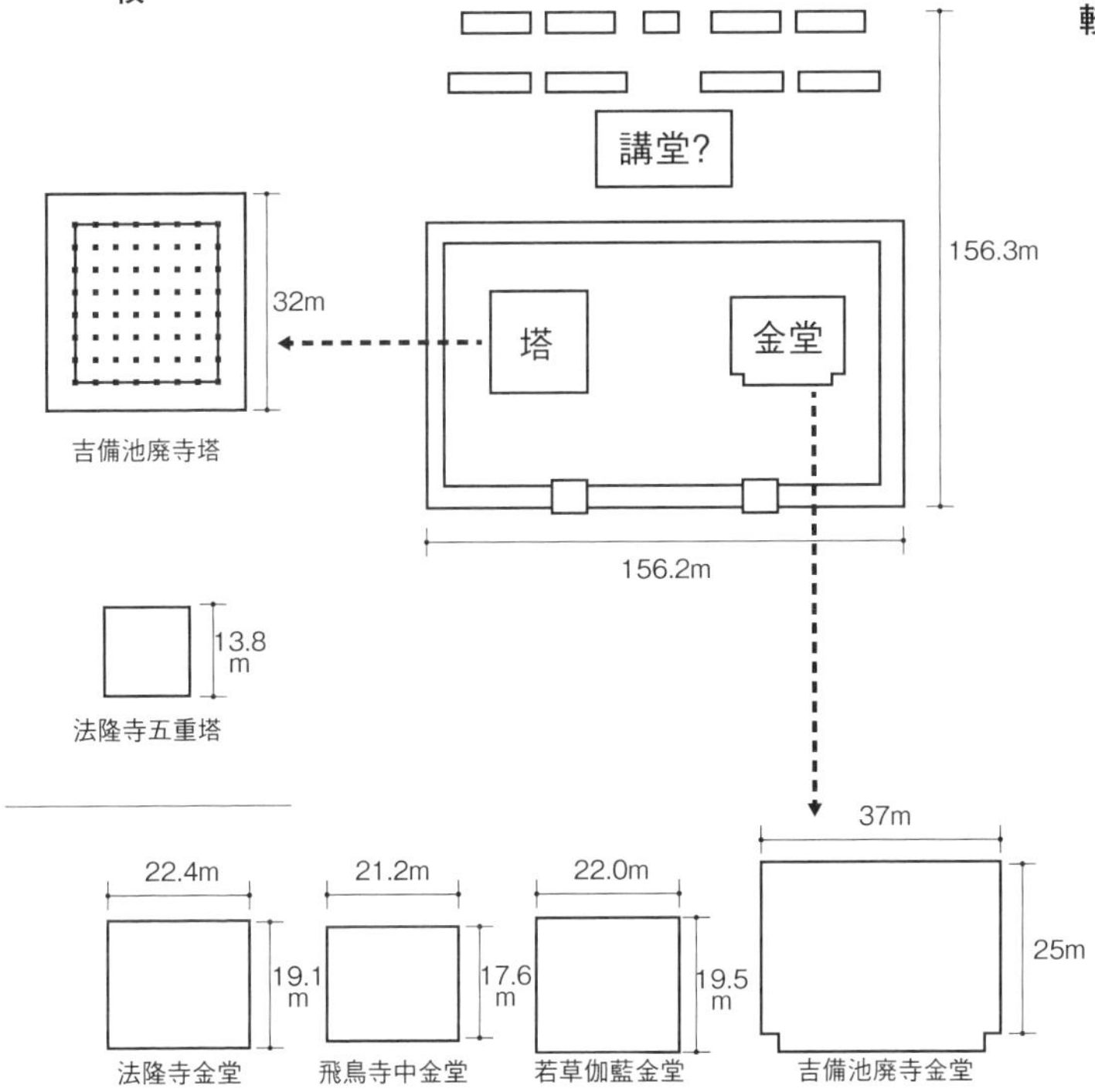


「吉備池廃寺発掘調査報告」奈良文化財研究所2003から

## 吉備池廃寺は「法隆寺式」と呼ばれる伽藍配置

伽藍配置は、金堂を回廊内の東に置き、西に塔を建てた、いわゆる「法隆寺式伽藍」と呼ばれるものです。（78ページ「古代寺院の伽藍配置」図参照）

この法隆寺式伽藍をもつ古代寺院は地方にも多く見られます。山麓に造られることの多かった古代寺院の場合、塔と金堂が並立する（横に並べられた）「法隆寺式」や「法起寺式」の方が、縦長の伽藍の「四天王寺式」よりも造りやすいということもありますが、これは古代寺院が法隆寺をモデルにしたのではなく、吉備池廃寺をモデルにして造られた可能性が出てきます。吉備池廃寺が百済大寺であるならば、大王が造った寺をモデルとして、各地の寺院が造られていったと考えることができます。吉備池廃寺は、法隆寺の西院伽藍よりも古く、法隆寺式の伽藍配置をもつ寺院としては、いまのところ一番古いわけですから、将来は「法隆寺式伽藍配置」ではなく「吉備池廃寺式」と呼ばなければならなくなるかもしれません。

また、吉備池廃寺伽藍の計画寸法は、奈良時代の尺度の一・二倍の大尺（高麗尺。一尺＝三五・四～三五・五センチ）を用い、その十尺単位の完数で割りつけられているとみられます。伽藍の東西幅は四四〇大尺、西回廊から塔の中心まで、東回廊から金堂の中心までは一〇〇大尺とみられ、南北の回廊間が二五〇大尺、金堂中心は北回廊から一〇〇大尺の位置で設計されている可能性が考えられています。

## 出土瓦から見ても吉備池廃寺こそ百済大寺

吉備池廃寺の巨大さや伽藍配置が、百済大寺跡とするにふさわしいということについてお話してきましたが、吉備池廃寺から出土する瓦についても見ていきましょう。（29ページに写真）

吉備池廃寺から出土する瓦のうち、軒丸瓦のほうは、いわゆる「山田寺式」と呼ばれているものです。周囲が重圏文で、線が周りにある単弁八弁の蓮華文の軒丸瓦で、二種類があります。山田寺は皇極天皇二年（六四三年）に金堂の建立が始まった寺院ですが、吉備池廃寺の軒丸瓦は蓮弁が細長く、七世紀中頃の山田寺よりもやや古い特徴がみられます。

軒平瓦は、忍冬《にんどう》唐草文を彫った押型でスタンプされています。この押型は斑鳩寺（法隆寺若草伽藍）に使われているのと同じもので、吉備池廃寺の瓦製作に、斑鳩寺の瓦の押型を持ってきていることがわかります。斑鳩寺から出土するものは、ひとつずつ上下逆に押しているのですが、吉備池廃寺のものは、すべて下向きに押しています。また、押型の傷が吉備池廃寺のほうが大きくなっていますので、吉備池廃寺の方が後に作られたということがわかります。

聖徳太子の遺言で羆凝精舎を百済大寺にしたというのは、舒明天皇即位の正当性を語るためのものとみられますが、吉備池廃寺の軒平瓦の押型は斑鳩寺からもたらされており、聖徳太子の上宮王家の寺である斑鳩寺と同じ文様の軒平瓦を使用することも、吉備池廃寺の造営への上宮王家の協力やつながりをアピールするためなのかもしれません。

## 吉備池廃寺の瓦の文様がのちの古代寺院のモデルに

吉備池廃寺の軒瓦と同じ瓦が出土する遺跡には、木之本廃寺《きのもとはいじ》があります。木之本廃寺は、香久山の西側、奈良文化財研究所飛鳥藤原調査部の北側、畝尾都多本神社《うねおつたもとじんじゃ》付近です。そこから吉備池廃寺のものとまったく同じ瓦が出土しています。軒丸瓦、軒平瓦をはじめ、丸瓦、平瓦まで同じものが出土しています。寺院遺構は見つかっていません。木之本廃寺については、あとで詳しくお話ししたいと思います。（57ページ）

軒丸瓦のほうは、同じものが大阪の四天王寺からも出土します。四天王寺のものは、吉備池廃寺から出土する瓦と比べると、瓦の笵型が減って、木目が浮き上がってきており、吉備池廃寺より新しいもの（後のもの）であることがわかります。この瓦は、四天王寺の瓦を作っていた樟葉の平野山瓦窯からも見つかっており、笵型が吉備池廃寺の瓦の工房から、四天王寺の瓦の工房へ移されたことがわかります。四天王寺の創建は七世紀初頭に遡るのですが、大化元年（六四五年）の「大化改新」に伴う難波宮造営により、四天王寺は難波宮を擁護する寺として整備されたとみられ、吉備池廃寺と同じ瓦はこの整備時に用いられたとみられます。

四天王寺で使われた笵型は、さらに大阪府泉南市の海会寺《かいえじ》で使用されたことが出土瓦からわかります。ここでは笵型を彫り直しており、軒丸瓦の笵型は吉備池廃寺から四天王寺、海会寺へと移動したことがわかっています。

吉備池廃寺と同種の単弁八弁蓮華文の軒丸瓦は、「山田寺式軒丸瓦」と呼ばれ、山田寺をはじめとして、七世紀の多くの古代寺院で使われています。吉備池廃寺のものが古いので、吉備池廃寺のものが各地の古代寺院の瓦文様のモデルになったと考えることが可能で、軒丸瓦についても「吉備池廃寺式」と呼ぶべきかもしれません。

吉備池廃寺の軒瓦

山田寺軒瓦

## 地名や川からも百済大寺であることが裏付けられる

吉備池廃寺からの瓦の出土量は少なく、創建時以外の、たとえば修理用の新しい時期の瓦などはまったく出土していません。このことからは、寺院が別の場所に移転した可能性もうかがうことができます。

吉備池廃寺は十市郡に存在し、その時期は斑鳩寺より新しく、大化元年（六四五年）以降の四天王寺の整備改修よりも古い七世紀の第二四半期のもので、当時最大規模の堂塔を備えていた大寺院です。金堂跡基壇周辺の小字名には「カムリ石」という地名も残っています。これは「冠石（かんむりいし）」が訛ったものらしく、「かんむり石」というのは石製の鴟尾、鴟尾の形が冠（烏帽子）に似ているのでつけられた地名だと考えられます。

また、その東側には「コヲベ」、「カウベ」という地名もあって、子部の社との関連もうかがわせます。『資財帳』の縁起が記す「子部の社を切りひら」いて寺を建てたこと、「社の神怨みて」「金堂の石鴟尾を焼き破る」という伝承に関わる地名だと考えられます。

さらに寺跡の南には米川という川が流れていますが、付近の地割の乱れは古代の川の痕跡であると発掘調査でも確認されているので、この川が百済川であったと考えられます。

今のところ、この吉備池廃寺跡が、舒明天皇十一年（六三九年）に造営された百済大寺とするのに支障となる要素はありません。吉備池廃寺こそが百済大寺の遺跡であるとみてほぼ間違いないと考えられています。

吉備池廃寺が百済大寺であれば、各地の古代寺院に見られる「法隆寺式伽藍配置」や「山田寺式軒丸瓦」は、大王の寺である百済大寺の伽藍配置や軒丸瓦を規範にしたと考えることができます。

## 第二部　高市大寺から大官大寺へ

▲大官大寺の塔跡

### 百済大寺の造営は皇極天皇が継承

百済大寺は舒明天皇十一年（六三九年）に造営に着手されますが、わずか二年後に舒明天皇が亡くなっていますので、舒明天皇の時代には百済大寺はおそらく完成していないと考えられます。

舒明天皇が亡くなられたあと、継嗣となる皇子が定まらず、皇后の宝皇女《たからのひめみこ》が即位して、皇極《こうぎょく》（斉明）天皇になります。中大兄皇子《なかのおおえのみこ》（天智《てんじ》天皇）や大海人皇子《おおあまのみこ》（天武《てんむ》天皇）のお母さんです。（最近になって発掘調査された、飛鳥の牽牛子塚《けんごしづか》古墳が、皇極（斉明）天皇陵ではないかと考えられています。）

『日本書紀』には、この皇極天皇の元年（六四二年）、つまり舒明天皇が亡くなった翌年の九月三日に、皇極天皇は「大寺を起し造らむと思欲《おも》ふ」ということで、「近江《おうみ》と越《こし》との丁《よぼろ》を発《おこ》せ」（近江国、越国の人々を労役に就かせよ）という命を出した、と記されています。

さらに九月十九日には「宮室を営《つく》らむと欲《おも》ふ　国々に殿屋材を取らしむべし然も東は遠江《とおとうみ》を限り　西は安芸《あき》を限りて　宮造る丁《よぼろ》を発《おこ》せ」とあります。百済大寺の造営のために、近江（滋賀県）や越の国（北陸地方）の人々が、そして宮の造営のために遠江（静岡県西部）から安芸（広島県）までの広範囲の人々が徴発・動員されます。広範囲の人々を徴発・動員するのは、舒明天皇のときの「西の民は宮をつくり、東の民は寺をつくる」というのに倣《なら》ったようです。

また、「宮造る」とある宮は、皇極天皇の飛鳥板蓋宮《あすかいたぶきのみや》とみられ、板蓋宮と対で百済大寺が造営再開されていることがわかります。舒明天皇は百済大宮とセットで百済大寺の造営を始めたのですが、それを受け継いだ皇極天皇も、板蓋宮造営と対にして、王宮擁護を担う大寺の造営を再開したと考えてよいかと思います。

## さらに天智天皇へと造営が引き継がれる

『資財帳』に、このときに百済大寺の造寺司に任じられたのは阿倍倉橋麻呂《あべのくらはしまろ》と穂積百足《ほづみのももたり》であったと記されています。百済大寺とみられる吉備池廃寺が阿倍氏の本拠地（桜井市阿部）に隣接していることも注目されます。

『日本書紀』には大化元年（六四五年）に恵妙《えみょう》を百済寺の寺主に任ずるという記事がありますので、おそらくこの頃には百済大寺は完成していると考えられ、百済大寺が本格的に造営されたのは皇極天皇の時代だと考えてよいようです。

白雉《はくち》元年（六五〇年）には皇極太上天皇が「丈六の繡像《しゅうぞう》」を作らせ、翌年に完成したことが『日本書紀』に記されています。『扶桑略記』には天智天皇七年（六六八年）に丈六の釈迦仏と脇士を作らせたことが記されています。これらから百済大寺の造営が、天智天皇の代まで続けられたことがわかります。

百済大寺は舒明天皇によって造営開始され、舒明天皇が亡くなり一時頓挫しますが、皇后が即位し皇極天皇となったことで再開され、その子の天智天皇へと続く皇統によって造営が引き継がれ、継承進展していきます。

## 百済大寺の仏像は奈良時代に大安寺へ

奈良時代の『資財帳』には、当時、大安寺にあった仏像のことも記されています。『資財帳』の縁起の部分に続き、最初に「合佛像玖具、壱拾漆軀、丈六即像貳具」とあります。九セットある仏像群十七躯のうち、丈六の大きさの即像（乾漆像のこと）が二セットあり、「右は淡海大津宮《おうみおおつのみや》御宇《あめのしたしらしし》天皇《すめらみこと》造奉《つくりたてまつ》りて坐《いま》し請《こ》う」と記されています。ですから、この丈六乾漆像が天智天皇の造らせた「丈六釈迦仏像并脇士菩薩等像《じょうろくしゃかぶつぞうならびにわきじぼさつらのすがた》」で、大安寺の金堂と講堂の釈迦三尊像とみられます。これにより、奈良時代の大安寺の本尊は、天智天皇が作らせた百済大寺の仏像が移されたものであることがわかります。

『資財帳』には続いて「合せて繡佛像参帳《ぬいとりのほとけのすがたさんはり》」とあります。刺繡《ししゅう》の仏画、つまり刺繡仏で、斑鳩の中宮寺に伝わる「天寿国繡帳」のようなものなのでしょう。この繡仏《しゅうぶつ》像が三帳あって、そのひとつは、大きさが高さ二丈二尺七寸、幅二丈二尺四寸と、七メートル四方もあるような巨大な繡仏です。これが「右袁智《おち》　天皇《すめらみこと》坐難波宮而《なにわのみやにいまして》、庚戌《かのえいぬ》年冬十月始　辛亥《かのとい》年春三月造畢《つくりおわんぬ》」となっており、『日本書紀』の白雉元年（六五〇年）に「始めて丈六の繡像・侠侍・八部等の三十六像を造る」、二年の春三月に「丈六の繡像等成りぬ」とある繡像に該当します。これも、皇極天皇が百済大寺に納められたものが、奈良時代の大安寺に伝わったことがわかります。

# 天武天皇は百済大寺を移し高市大寺を造営

これまでお話してきましたように、百済大寺の造営は、舒明天皇の王統によって受け継がれていったのですが、天智天皇が亡くなったあと、皇位継承に端を発した二ヶ月間の壬申の乱が起こります。この壬申の乱に勝利して、六七三年天智天皇の弟、大海人皇子が天武天皇になります。

飛鳥浄御原宮で即位した天武天皇は、その年（『日本書紀』の天武天皇二年）に造高市大寺司を任命します。『資財帳』では、天武天皇二年（六七三年）に造寺司が任命されて、百済の地から高市の地に移ったと記されています。

つまり天武天皇は、百済大寺を高市の地に移して、高市大寺《たけちのおおてら》を造営するのです。それは父・舒明天皇の統治を受け継ぐ政権の正統性を示すためであり、王宮である浄御原宮を護持するためにその近くに移し、近江大津から大和飛鳥に王宮が戻ったことを目で見せるために行われたと考えることができます。

「飛鳥浄御原宮《あすかきよみはらのみや》に御宇《あめのしたしらしし》天皇（天武）二年歳次癸酉《みずのととり》十二月壬午《みずのえうま》朔《ついたち》戊戌《つちのえいぬ》、寺を造る司小紫冠《しょうしかん》御野王《みののおう》・小錦下《しょうきんげ》紀臣訶多麻呂《きのおみかたまろ》二人を任じ賜う、百済の地より高市《たけち》の地に移り、始めて寺家《じけ》を院《いん》し、七百戸の封《ふう》・九百三十二町の墾田地・卅万束の論定出挙稲《ろんていすいことう》を入れ賜う、六年歳次丁丑《ひのとうし》九月庚申朔丙寅《かのえさるついたちひのえとら》、高市大寺《たけちのおおてら》を改め大官大寺《だいかんだいじ》と号す」

## 高市大寺を改め大官大寺とする

『資財帳』にはさらに続けて、天武天皇六年（六七七年）に「高市大寺を改め大官大寺と号す」とあります。

古代のお寺は名前を二つ持っているのがふつうです。飛鳥寺なら法号は法興寺、斑鳩寺なら法隆寺、川原寺《かわはらでら》なら弘福寺《ぐふくじ》というように、所在している土地の名で呼ばれる通称のような名前とは別に、法号で呼ばれることもありました。この場合「高市大寺」が高市の地（高市郡）にある大寺という通称で、「大官大寺」というのが法号に相当するわけです。

大官という言葉は「おおきつかさ」とか「おおつかさ」と読まれますが、これは大王《おおきみ》、天皇のこととされます。どこそこの大寺と地名で呼ばれる名前から、天皇《おおきみ》の大寺という名に改めた。天皇の大寺という寺号が与えられたということです。

この高市大寺の大官大寺については、『日本書紀』天武天皇十一年（六八二年）に日高《ひだかの》皇女《ひめみこ》が病気になったため、大官大寺で百四十余人を出家させてお坊さんにしたという記事があります。この日高（氷高）皇女というのは、後の元正天皇です。天武天皇の初孫でこのとき二歳、父が草壁皇子《くさかべのみこ》、母は阿閉皇女《あべのひめみこ》（元明天皇）です。文武天皇はまだ生まれていません（翌年の天武天皇十二年に誕生）。

仏法僧という三宝を敬い、仏にとって良いことをする、つまりお坊さんとして出家させれば、その功徳、積善、仏の力によって良いことがある、病気が治るとされたのです。高市大寺（大官大寺）が天武二年（六七三年）から造営されたのであれば、すでに九年も経っていますし、百四十人ものお坊さんを新しく寺に入れたわけですから、この頃には高市大寺（大官大寺）の伽藍はできあがっていたと考えられます。

## 大官大寺は奈良時代まで寺院の筆頭

その三年後、天武天皇十四年（六八五年）には天武天皇が病気で倒れます。『日本書紀』九月二十四日に「天皇の體不豫《みやまい》したまふが為に、三日、經《きょう》を大官大寺・川原寺《かわはらでら》・飛鳥寺《あすかでら》に誦《よ》ましむ」という記事があります。

併記してある三つの寺院の筆頭が、大官大寺です。大官大寺がいちばん最初に書かれています。『日本書紀』や『続日本紀』には、その後も都の寺々に読経させたり、田や稲を施入したりという記事がありますが、このときから奈良時代まで、大官大寺あるいは大安寺が筆頭に記されています。寺格がいちばん高く、重視されていたことがわかります。

天武天皇十五年（朱鳥《あかみとり》元年・六八六年）九月に、天武天皇は亡くなります。この年の七月には観音像が造られ、「観世音経を大官大寺に説かしむ」という記事もありますが、九月九日に「天皇の病　遂に差《い》えずして　正宮に崩《かむあが》りましぬ」となり、十二月に「無遮大会《むしゃのたいえ》」が行われました。

「無遮大会」とは限りない設斎《せっさい》、つまり限りなくどんなお坊さんにも御斎《おとき》を供養するというような法要です。この法要を、亡くなられた天武天皇のために五つの寺で行ったのですが、このときの記載順は大官大寺・飛鳥寺・川原寺で、豊浦寺・坂田寺が続きます。ここではまだ薬師寺が出てきません。薬師寺は、天武天皇が皇后の鸕野皇女《うののひめみこ》（持統天皇）の病気平癒を願って、天武天皇九年（六八〇年）に造営を始めたとされますが、この時点ではまだ工事途中で完成していないため、この五寺には入っていないと考えられます。

## 大官大寺・川原寺・飛鳥寺の三つが国の大寺に

このようにこの時期には、大官大寺を筆頭に川原寺と飛鳥寺という、飛鳥の三大寺が重要視されています。これは天武天皇九年の勅によるとみられます。天武天皇の四月の勅は、次のようなものです。

「凡《およ》そ諸寺は、今より以後、国の大寺たるもの二、三を除きて、以外は官司治むること莫《なか》れ。唯し其の食封有らむ者は、先後《さきのち》三十年を限れ。若《も》し年を数へむに三十を満たば、除《や》めよ。且以為《またおも》ふに、飛鳥寺は司の治に関《あずか》るべからじ。然も元より大寺として、官司恒《つね》に治めき。復嘗《またかつ》て有功《たすか》れたり。是を以て、猶し官治《おさ》むる例《かぎり》に入れよ。」（『日本書紀』）

天下の諸寺のうち、国の大寺である二つ三つを除いて、その他は国が関わるな、という命令です。国が直接に運営に関与するのは「大寺」だけに限定し、これまで食封として運営財源が与えられていたものは今後三十年間の期限を限って保障する、飛鳥寺は官寺ではないが特例として国が運営する、とあります。ここで大官大寺、川原寺、飛鳥寺の「大寺《おおてら》」の地位が確立したとみられます。

川原寺については、造営事情がよくわかっていませんが、出土遺物や発掘調査された遺構から、造営が天智天皇の時代（六六〇年代）とみられます。天智天皇が、母である皇極天皇（斉明天皇）の追福《ついぶく》、菩提《ぼだい》を弔《とむら》うために建立された寺と考えられています。川原寺の寺号は弘福寺《ぐふくじ》で、同名の寺が中国の唐《とう》の長安《ちょうあん》にあります。唐の二代目の皇帝、太宗李世民《たいそうりせいみん》が母の太穆《たいぼく》皇后の追福、供養のために唐の貞観《じょうがん》八年（六三四年）に建立した寺です。飛鳥の弘福寺はこれに倣《なら》ったのではないかというようなことも考えられます。この唐の長安の弘福寺は、その後、唐の神龍《しんりゅう》元年（七〇五年）に興福寺《こうふくじ》と名前が変わります。これは、中宗の兄、李弘の「弘」の文字を避けるためであったとみられています。そうすると、飛鳥の弘福寺（川原寺）は、平城京に移されてはいませんが、興福寺という名の寺は平城京に造られています。奈良時代の興福寺は、藤原氏の氏寺《うじでら》ですが、弘福寺の後身というふうに位置づけされていたという可能性も考えてよいかもしれません。

舒明天皇という王統の始祖が建て、王宮を護持する大官大寺があります。舒明の后であり天智・天武の母である皇極を供養するための川原寺が、王家の寺です。そして蘇我氏の飛鳥寺というのは王家の寺ではないわけですが、最古の仏教寺院であり、王都飛鳥を代表する寺院であるため国家の寺として扱ってきたといういきさつもあり、特例として加えられて、これら三つが国家の大寺となったようです。

## 薬師寺が加わって四大寺となるも大官大寺が筆頭

薬師寺は天武九年（六八〇年）に皇后（鸕野皇女《うののひめみこ》、後の持統天皇）の病気平癒のために発願されるのですが、朱鳥《あかみとり》元年（六八六年）十二月の天武天皇崩御百ヶ日に行われた無遮大会には、先にも言ったように薬師寺の名はありません。天武天皇のあとをついだ持統天皇の二年（六八八年）正月に無遮大会が薬師寺で行われており、薬師寺金堂や本尊はこの頃に完成したものと考えられています。薬師寺の造営はその後も続けられ、文武天皇二年（六九八年）には造営がほぼ終わって衆僧を住まわせています。ただ、大宝元年（七〇一年）には造薬師寺司が任命されており、一部の造営はまだ続いていたことがわかります。

大宝二年（七〇二年）の持統太上天皇崩御に際しては、四大寺で斎会が設けられ、翌年の正月には持統太上天皇のために、大安寺（大官大寺）・薬師寺・元興寺（飛鳥寺）・弘福寺（川原寺）の四寺で斎会が設けられています。この時期には、大寺は薬師寺が加わった四大寺になっており、薬師寺は大官大寺に次ぐ位置を占めることがわかります。

『日本書紀』を引き継ぐ『続日本紀』では、大官大寺の時代もすべて、「大安寺」と表記されています。これは『続日本紀』編纂時の寺名を使っているのであり、いままでお話ししてきた時代に大安寺と呼ばれていたわけではないと考えられています。

大宝元年に律令ができ、六月の「道君首名《みちのきみおびとな》をして僧尼令《そうにりょう》を大安寺に説かしむ」という『続日本紀』の記事も大官大寺のことですが、僧尼についての法令である僧尼令の解説の場を大官大寺としていることからも、大官大寺が国家を代表する寺であったことを示しているものとみられます。

## 天武天皇と文武天皇の大官大寺

『続日本紀』の大宝元年七月には「造大安・薬師二寺の官は寮になずらえ、造塔・丈六の二官は司になずらえよ」という記事があります。

「造大安寺の官」というのは大官大寺を造営する役所のことで、薬師寺を造る役所とともに、国の役所の寮に準じるとしています。造塔というのは塔を建てる部局、丈六というのは造仏所とみられますが、それらは「司になずらえよ」ということです。これによって、寺を作る役所の位置づけをしています。

また、大宝二年には、高橋朝臣笠間を造大安寺（大官大寺）司に任じています。

『資財帳』では、「藤原宮御宇天皇《あめのしたしらししすめらみこと》」、つまり持統天皇のときに寺主の恵勢法師に「鐘を鋳さしむ」とあります。「後藤原朝廷御宇天皇《のちのふじわらのみかどにあめのしたしらししすめらみこと》」、つまり文武天皇のときに、九重塔を建て、金堂を造り、さらに丈六像を「敬い造り奉る」という記事があります。これらの記事は大宝二年の造大安寺（大官大寺）司の任命と関わるようで、文武天皇の時期に大官大寺がまた造営されているということになります。

ここで整理をしてみましょう。

高市大寺が天武天皇六年（六七七年）に大官大寺と称され、天武天皇十一年（六八二年）

の日高皇女の病の際には百四十人もが出家します。天武天皇十五年（朱鳥元年・六八六年）に天武天皇が亡くなった際には大官大寺で法要が催され、大宝元年（七〇一年）に大宝律令の僧尼令ができたときにはその説明会が大官大寺で行われています。完成しているはずなのに、文武天皇のときにまた、塔や金堂、本尊の造営などが伝えられているわけです。

このことについては、天武天皇のときに発願されたものの、文武天皇になって建設が本格化したのではないかと解釈されています。しかし、はたしてその解釈が正しいのか、それは大宮大寺跡の発掘調査で明らかになりました。

## 大宮大寺跡の発掘調査

大官大寺の遺跡は香久山の南側、明日香村の小山と橿原市の南浦町にまたがって存在します。塔跡とされる土壇があり、その西北にある大きな土壇は金堂跡だと伝えられていました。この土壇の上には、明治時代までは礎石も残っていたのですが、明治二十二年（一八八九年）の橿原神宮の建設時にここの礎石が全部抜きとられ、打ち割られ、橿原神宮の建設資材になってしまいました。

今では考えられないことですが、現在の「文化財保護法」の前身の「古社寺保存法」が

現在の大官大寺塔跡

発掘された大官大寺塔跡の遺跡

制定されるのは明治三十年（一八九七年）です。史跡名勝・遺跡の保存や、天然記念物などの保存が意識されるようになったのは大正時代になってからのことです。日本の場合、「史蹟名勝天然紀念物保存法」というものが制定されたのは、二〇世紀に入った大正八年（一九一九年）です。この法律ができてやっと、大官大寺跡や大安寺塔跡が国の史跡に指定され、保存の手が打たれます。明治二十年代は、神話の神武天皇を祀るために、飛鳥時代の天皇が造営した国家的な遺跡の価値もわからず平気で壊していた時代だったのです。

話を戻しましょう。昭和の初めまで金堂跡と考えられていた大きな土壇から見ると、東南に塔跡があります。ですから双塔式、いわゆる薬師寺式の伽藍ではないかと推定されていました。

金堂の前に二つ塔があると推定されていたのですが、この遺跡を綿密に測量して、明治時代以前の記録を検討されたのが建築史学の大岡実先生です。大岡先生は昭和十四年（一九三九年）に、西北の土壇の小字名が「コウドウ」なので、この土壇は講堂跡で、金堂は塔跡の西側にあるのではないかという説を出されました。つまり、西に金堂があって東に塔がある法隆寺とは反対の法起寺式ではないか、大官大寺は法起寺式の伽藍配置ではないかという説です。その後、少し意見を変えられ、西側に推定される金堂は南北の建物で東向きに建っていたのではないか、そこから、九州の太宰府にある観世音寺と同じ観世音寺式伽藍配置だろうということが、発掘調査が行われるまで定説になっていました。

## 金堂と講堂とひとつの塔跡を発掘

いよいよ大官大寺の発掘調査についてお話しします。

昭和四十八年（一九七三年）に奈良国立文化財研究所（当時）によって試掘調査が行われ、昭和四十九年（一九七四年）の第一次調査で、大岡先生が講堂とされた土壇が発掘調査されました。

第二次調査で中門推定地、第三次調査で回廊、と発掘調査が進められ、昭和五十二年（一九七七年）の第四次調査で、大岡先生が推定された金堂跡の部分を発掘調査したところ、遺構が全く出てきませんでした。瓦の堆積もないということで、何も建っていなかったということが判明し、講堂跡と考えられていた遺構が金堂跡である可能性が出てきたのです。

第五次調査で塔跡が発掘され、昭和五十四年（一九七九年）の第六次調査で、伽藍の中軸線上北側に、建物が検出されます。この建物は、第一次調査の南側土壇で見つかった建物とほぼ同規模でした。これによって、南側が金堂、北側が講堂と考えられるようになりました。「コウドウ」の地名が残る土壇が金堂で、金堂の前に塔が立っているわけです。ただ、大岡先生の研究以前に言われていたような薬師寺式、両塔式ではなく、塔が東側にしかない、ということが発掘調査で判明しました。

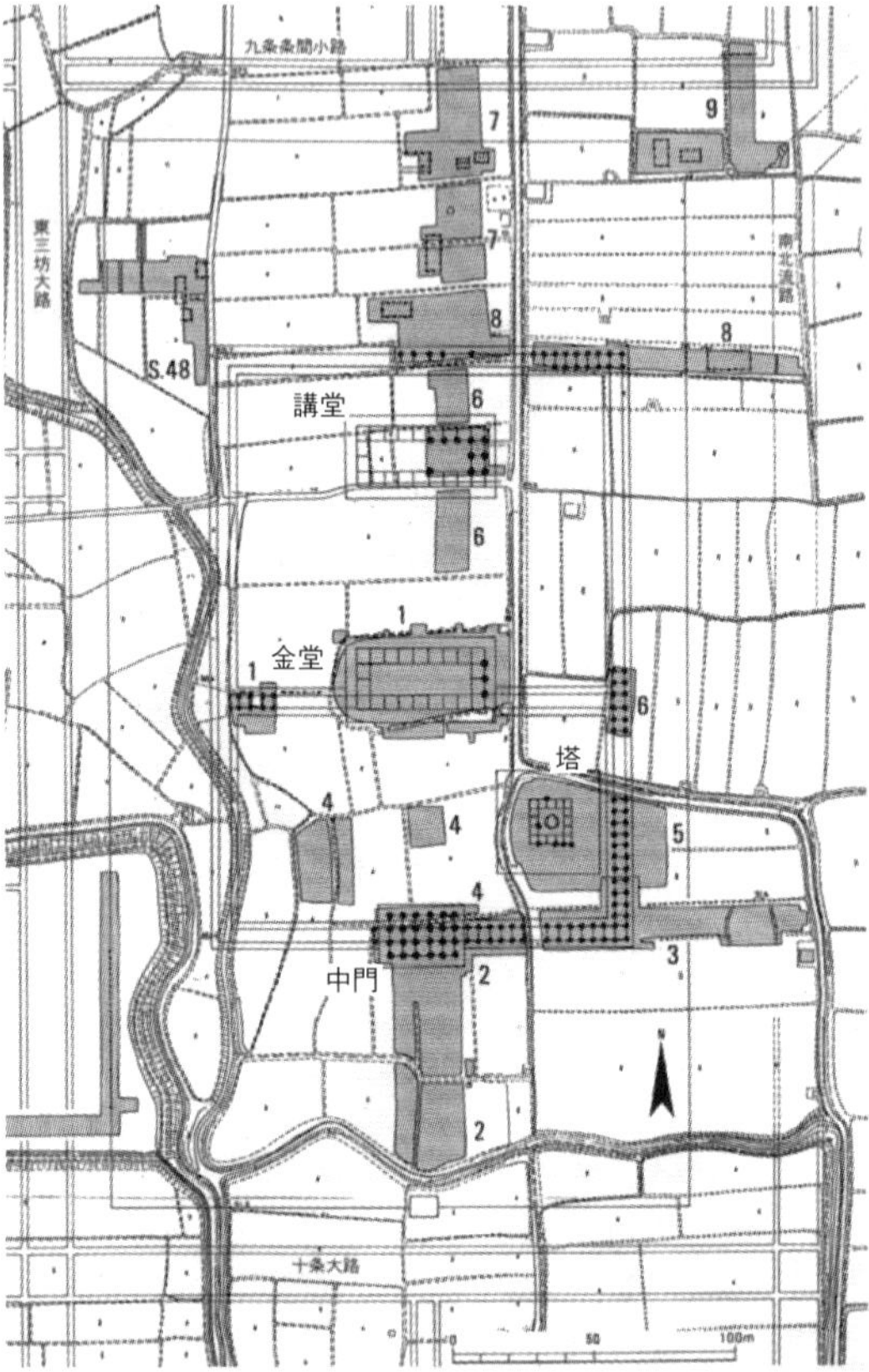

大官大寺伽藍配置と発掘区
「大官大寺・飛鳥最大の寺」飛鳥資料館1985から

## 当時の最大級の金堂と講堂

発掘調査で明らかになった大官大寺の金堂と講堂は、当時の最大級の建物です。

基壇の大きさは東西が五四・六メートル、南北が三〇・一メートル、九間四間の建物です。

桁行の柱間寸法が一七尺（五・一メートル）で、梁間は母屋の部分、中央の二間のところが一八尺（五・四メートル）、廂《ひさし》部分は一七尺であることがわかりました。

礎石は全部、完全に抜きとられています。江戸時代や明治時代初期の記録では、ここに四五個の礎石が並んでおり、中央部には須弥壇の、仏像を据える台座のような大きな巨石もあったようですが、明治時代に破壊されています。

金堂と講堂の基壇周りの基壇化粧の石材も抜きとられているのですが、抜きとられたのは明治時代ではないようです。八世紀の前半の土器が出土しているので、奈良時代の初めに基壇化粧が外されていることがわかりました。

金堂の南側には穴がずっと並んでいます。斜めの穴で、火災で崩れ落ちた垂木が地面に突き刺さっている状態で見つかっています。隅木先の飾金具も出土しており、金堂や講堂は完成後に火災に遭っていることが発掘調査でわかりました。

## 塔は基壇化粧が未着工のまま火災に

塔は回廊内の東にあり、回廊の東西幅は四八〇尺（一四二メートル）ほどもあります。回廊が長大なのは、内部に大塔が建っているからです。この回廊幅は、中門部分を除くと、奈良時代の大安寺のちょうど二倍あります。

塔は五間の塔で、柱間寸法は一〇尺。奈良時代の一〇尺ですので、約三メートルです。三メートルで五間ですから、塔は一五メートル四方ということになります。

塔跡には三七個の礎石が明治時代まで残っていました。心礎は、江戸時代の絵図などで見ると、東西が一二尺（三・六メートル）、南北が一〇尺（三メートル）の巨石です。上面に円柱座の掘り込みがあって、舎利孔をさらに掘り込んであったようです。発掘調査で見つかった心礎の抜取穴は、東西五・六メートル、南北五・五メートルという巨大な穴です。

塔の基壇周りの外装、つまり基壇化粧はされていません。塔跡は一辺三二メートルくらいの土壇になっており、基壇が完成していません。塔の建物は一辺一五メートルくらいですので基壇は二四メートルくらい、一辺八〇尺の基壇を計画したとみられます。塔は竣工しているのですが、基壇化粧が未着工の段階で火災に遭ったとみられています。塔の西側には建物が建てられていませんが、あるいは西塔を建てる予定があったのかもしれません。

## 中門や回廊は建設途中で火災に

回廊は梁間が一四尺（四・二メートル）で、桁行は一三尺（三・九メートル）です。奈良時代の寺院のような複廊ではなく、単廊です。

中門から金堂までの南北の長さが二七五尺で、金堂にとり付き、この桁行が二一間（約八一メートル）あって、さらに北へ伸びて講堂の北側で閉じます。回廊の南北の長さは六六〇尺ありますが、これは一・二倍の大尺だと五五〇尺というキリのよい数値になります。また、東西の長さ四八〇尺も、大尺なら四〇〇尺です。大官大寺の地割や、伽藍配置の配置計画は大尺で行われ、そこに小尺で設計された建物を建てているとみられています。

中門は東西の桁行が五間、南北の梁間が三間の建物です。柱間寸法は、桁行の間口中央が一七尺（五・一メートル）、端が一四尺、梁間は一四尺あります。中門や回廊の発掘調査では、建物周囲に建築時の足場穴とみられる小柱穴が見つかっています。この小柱穴も焼けており、中門や回廊はまだ建物自体の建設途中、工事足場が組まれた状態で火災に遭っていることが、発掘調査で明らかにされています。

まとめますと大官大寺は、金堂・講堂は完成した状態、塔は建物は竣工しているが、基壇化粧が未着工の状態、中門・回廊は建築工事中の段階で、炎上したということが発掘調査でわかったのです。

## 瓦の文様はのちに奈良時代の標準となるもの

出土する瓦のお話に移りましょう。

大官大寺から出土した軒瓦（53ページ上）は大ぶりです。軒丸瓦は、蓮華文の蓮弁が二枚一組の複弁です。

この複弁蓮華文というのは、中国の唐を代表する蓮華文で、この軒丸瓦の文様構成は「大唐様式」とも呼ばれます。複弁蓮華文はわが国では川原寺や法隆寺西院伽藍の瓦に用いられ、藤原宮の時代に流行しますが、大官大寺の軒丸瓦は藤原宮のものなどとは異なります。中央に大きな中房をもちながら、蓮子が中央の一個のまわりに六個、ひとめぐりするだけです。この中房のあり方は、奈良時代の軒丸瓦の標準になります。外側の周囲は、これも唐代に好まれた連珠文で、珠文がぐるりと連なっています。この文様は織物、たとえば獅子狩文錦やペルシャのデザインによく使われているものです。

軒平瓦のほうも大ぶりです。これも、藤原宮などによくある、一方から流れる偏行唐草文ではありません。中心飾の左右に対称的に反転させた、均整唐草文です。上部に菱形の珠文、下部と左右にギザギザの鋸歯文を飾っています。この均整唐草文の軒平瓦も、大官大寺の瓦から始まって、奈良時代の軒平瓦の基本的な文様になります。この大官大寺式の軒瓦は大安寺からも出土し、大安寺の講堂などに使用された可能性があります。時期的には奈良時代へ直接につながっていく瓦で、天武天皇の初年まで遡るものとは考えられない、七世紀末の頃の瓦だと考えられます。

軒丸瓦の外区には連珠文
軒平瓦の上外区は扁平珠文。
左右と下外区には鋸歯文

大官大寺の軒瓦

平城宮第一次大極殿の軒瓦

興福寺創建軒瓦

います。

## 文武天皇は藤原京のために大官大寺を新造中だった

大官大寺の寺域が、藤原京の条坊に合致するということも、発掘調査で明らかになっています。

現在、三重大学におられる小澤毅先生の想定された藤原京条坊復元では、左京の八条二坊に該当します。藤原京の条坊というのは古くみても天武天皇五年（六七六年）に計画されたようですので、それ以前の天武天皇二年（六七三年）に造営開始された高市大寺（大官大寺）としてはおかしいということになります。そして、大官大寺の遺構の時期の決め手は、金堂基壇の下層から、七世紀の末頃、つまり藤原京の時代の土器が出土するということです。金堂基壇が藤原京の時期以降に造営されているわけで、金堂・講堂ができあがり、塔は基壇の外装が未着手、回廊・中門は工事途中で焼失しているのです。

この未完成の大官大寺は文武天皇の時代に造営されたもので、これが『資財帳』に「後藤原朝廷御宇天皇（文武天皇）のときに九重塔を立て、金堂を作り建て、並びに丈六像を敬い造り奉る」という記事に該当するとみられます。

平安時代の『扶桑略記』はこの文武天皇の大官大寺造営を文武天皇三年（六九九年）のこととしており、大官大寺の遺跡は、『続日本紀』の大宝元年（七〇一年）七月に「造大安・薬師二寺の官」や「造塔・丈六の二官」を位置づけ、大宝二年（七〇二年）に造大安寺（大官大寺）司が任命されて造営された寺院遺構であることが、発掘調査で明らかになったのです。『扶桑略記』は、和銅四年（七一一年）に大官大寺が火災で焼失したと記しており、発掘調査の結果はこの記事とも合致する可能性があります。

舒明天皇の百済の宮と百済の大寺、天武天皇の浄御原宮と高市大寺（天武朝大官大寺）、文武天皇の藤原宮と文武朝大官大寺といったように、大寺は王宮を護持するために王宮の近傍に営まれるもので、文武天皇の大官大寺は藤原宮のために新造中であったと考えることができるのです。

## 天武天皇の高市大寺はどこに

現在残る大官大寺の遺跡は香久山の南側、明日香村の小山と橿原市の南浦町にまたがってあり、そこを発掘調査した内容についてお話しました。そしてその遺跡が文武天皇の時期のものということになると、では天武天皇が百済大寺を移し大官大寺とした高市大寺（天武朝大官大寺）はどこにあったのでしょうか。

文武天皇の大官大寺の遺跡の下層には、より古い時期の寺院遺跡は存在しません。したがって天武天皇の高市大寺（天武朝大官大寺）は別の地にあったということになります。

これについては現在、三つの説があります。候補地は三か所ということです。（21ページに図）

## 「高市大寺は小山廃寺跡」説

一つ目の候補地は、明日香村小山にある小山廃寺跡です。「キデラ」という小字名があるため、「紀寺跡」とも呼ばれ、紀氏の氏寺とみる人もいます。藤原京の中で、この小山廃寺は薬師寺（本薬師寺）と対称的な位置にあって、どちらの寺院遺構も藤原京の条坊にあわせて造られています。

天武天皇が建てた薬師寺と対称的な位置というのは、高市大寺にふさわしい位置ではあります。しかし、藤原京を天武天皇五年（六七六年）に計画された「新城」に該当するとみても、天武天皇即位直後の天武天皇二年（六七三年）、藤原宮の位置も決まっていない段階で造営・着工された高市大寺が、藤原京の条坊にあわせて造られているというのは矛盾します。また、小山廃寺の発掘調査で確認されている寺院は、百済大寺とみられる吉備池廃寺や文武朝大官大寺の遺跡と比べると規模が小さく、とても天武天皇が百済大寺を移した高市大寺とは考えにくいようです。

出土する瓦も吉備池廃寺や大官大寺（文武朝大官大寺）の軒瓦とは全く関係のない軒瓦で、複弁蓮華文の外周に雷文。雷文は稲妻からデザインされた文様だそうですが、ラーメン鉢の縁にあるような模様がついているのが特徴で、「紀寺式」と呼ばれています。軒平瓦は三重弧の瓦です。これらの瓦の時期については、川原寺と同じ時期か、少し新しい時期とみる説もあります。

小山廃寺が紀氏の氏寺である紀寺ともされると先ほど言いましたが、紀寺式の瓦は、紀氏の本拠というべき紀伊国（現在の和歌山県）の古代寺院遺跡からは全く出土していないのです。博物館では紀寺出土ということで展示していることがありますが、紀氏の氏寺である確証はありません。高市大寺説もあることから、近年は「紀寺跡」と呼ばずに「小山廃寺」という名で呼ばれるようになってきています。

小山廃寺の軒瓦

## 「高市大寺は木之本廃寺跡」説

二つ目の候補地は、吉備池廃寺の瓦が出土するということで先に触れた（28ページ）木之本廃寺です。

香久山の西の橿原市下八釣町から木之本町、奈良文化財研究所の飛鳥藤原調査部の庁舎の北側に畝尾都多本神社《うねおつたもとじんじゃ》という神社があるのですが、この神社の境内を中心として、藤原宮の時代より古い瓦が出土することが戦前から知られています。それが、吉備池廃寺あるいは大官大寺（文武朝）の瓦と同じ瓦なのです。飛鳥藤原調査部の庁舎建設に先立って発掘調査が行われていますが、寺院に関わるような遺構は見つかっていません。また、この付近は十市郡に属し、高市郡ではないというのが、高市大寺とするには不利になります。

## 有力な「高市大寺はギヲ山西遺跡」説

三つ目の候補地は、明日香村の雷丘の北方です。大官大寺（文武朝大官大寺）の西側にギヲ山、またはギオン山と呼ばれる丘がありますが、その西になります。この周辺からも大官大寺（文武朝）の瓦が出土します。しかし、寺院遺構は未発見です。

この地点の発掘調査は行われたことがないのですが、南にある雷丘北方遺跡の発掘調査で、付近から持ち込まれた瓦が大量に中世の井戸側に転用されており、雷丘北方遺跡の西北に寺院跡の存在が推定されて、「雷廃寺」とか「ギヲ山西遺跡」と呼ばれています。

大官大寺（文武朝）の軒瓦のほかに、大官大寺でも出土しますが慈光寺出土のものが有名な獣面文の軒丸瓦、また四重弧の軒平瓦や、凸面に布目の付いた平瓦などが出土しています。

凸面布目の平瓦は、模骨の内側に巻きずしのように粘土板を巻いたとみられ、凸面に布目がついている特徴的な瓦です（平瓦は桶巻き造りの場合、模骨の外側に粘土を巻いて作るために凹面に布目がつくのです）。凸面布目瓦と四重弧の軒平瓦は七世紀のものですが、香久山の南の文武朝大官大寺跡からは出土していません。ところが、この瓦は平城京の大安寺からは出土するのです。

大安寺の『資財帳』には、天智天皇が作らせた「丈六釈迦仏像并脇士菩薩等像」が大安寺の本尊として伝わり、皇極天皇が百済大寺に納めた「丈六の繡像」も大安寺に伝わっていることが記されていますが、これらは建設途中に火災にあった文武朝大官大寺を経ずに、天武朝大官大寺（高市大寺）から直接に大安寺に伝わったことがわかります。凸面布目の平瓦と四重弧軒平瓦も同じく、高市大寺から大官大寺を経ずに大安寺へ直接に運ばれた瓦であるとみれば、大安寺から出土するのと同じ凸面布目瓦と四重弧軒平瓦が出土するギヲ山西遺跡は、高市大寺である可能性が高いというように考えられるわけです。

## 高市大寺の所在地の決定はまだ

平安時代の『三代実録』によれば、陽成天皇の元慶四年（八八〇年）十月に、十市郡の百済川辺の田と、高市郡の夜部村の田が大安寺に返却されたとあります。この二つの場所はもともと大安寺の土地で、かつて寺があったところだということになります。したがって、十市郡の百済川のあたりの田と高市郡夜部村の田が、大安寺がもともとあったところ、つまり百済大寺と高市大寺の旧地だと考えることができます。

十市郡の百済川辺の田が百済大寺の旧地、高市郡夜部村の田が高市大寺の旧地と考えられるわけですが、夜部村というのは「やんべ」、すなわち山部と同じです。高市郡の山部というのは、藤原宮の南方とみられますので、ギヲ山西説は有利です。

『類聚三代格』という命令書をとりまとめた記録（平安時代に編纂）の中にある、神護景雲元年（七六七年）の太政官符（太政官の命令書）には、大安寺に永久に献ぜられている大和国の二町の田は、下ツ道の東にある十一坪の橋本田と十二坪の岡本田であり、これは高市郡高市里の「専古寺西邊」にあると記されています。「専」という字は「元」と同じとされますので、この橋本田と岡本田は、元古寺（つまり大官大寺跡）の西にあるということがわかります。

大官大寺（文武朝）跡の西方は、条里制では高市郡路東二十八条三里にあたり、橋本田と岡本田の十一、十二坪はちょうどギヲ山の西のギヲ山西遺跡に相当します。大安寺に献納された田は高市大寺の旧地であり、それが元慶四年（八八〇年）に大安寺に返却された高市郡の夜部村の田でもある、と三重大学の小澤毅先生は考えられています。

ギヲ山西遺跡については今のところ発掘調査も行われていませんが、高市大寺の候補地としてはいちばん有力かと思います。ただ少し弱点はあり、ここからは、百済大寺とみられる吉備池廃寺の軒瓦が今のところ出土していません。吉備池廃寺の瓦の出土ということなら木之本廃寺が有力となります。高市大寺がどこにあったのかということの決定には、木之本廃寺の遺跡の性格の解明を含めて、まだ少し時間を必要とするようです。

# 第三部　平城遷都と大安寺の造営

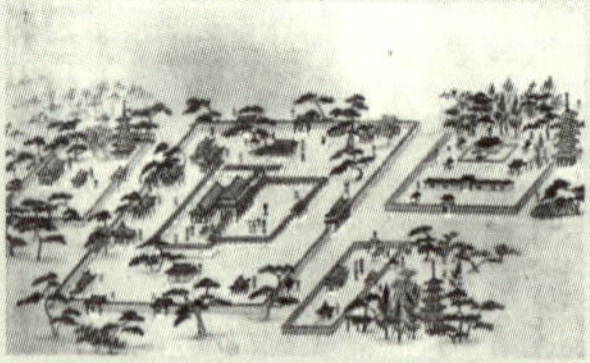
▲大安寺伽藍図（江戸～明治時代）

## 平城京での大官大寺（大安寺）建設が決定

『日本書紀』に続く『続日本紀』には、大官大寺（大安寺）を平城京に移すという記事、あるいは大安寺の造営工事着手についての記事はありません。『続日本紀』には、平城京に遷都された和銅三年（七一〇年）の六年後、霊亀二年（七一六年）の五月十六日に「始めて元興寺を左京六条四坊に徙《うつ》し建つ」という記事があります。

元興寺を移すという記載ですが、左京六条四坊というのは、大安寺のある場所です。元興寺を移す記事はその後も出てきて、その二年後の養老二年（七一八年）の九月二十三日に、法興寺を新京に移すという記事があります。法興寺というのは飛鳥寺の別名で、これも元興寺のことです。そこで、最初の「霊亀二年に元興寺」と書かれているのは、大安寺の間違いだろうと考えるのが通説になっています。

これは福山敏男先生が最初におっしゃられたのですが、霊亀二年の元興寺というのはもともと「大寺」と書かれていたのではないか、ということです。大寺を左京六条四坊に移すというのが、『続日本紀』の編纂時に、大寺を元興寺と理解し、元興寺としたのではないかと考えられます。

『扶桑略記』には和銅四年（七一一年）に大官大寺が焼亡したと記されています。発掘調査でも、文武朝大官大寺とみられる藤原京の大官大寺が造営工事途中で火災になっていることが確認されています。大官大寺はどの官寺よりも早く新京に造らなければならないということから、藤原京での大官大寺再建でなく、平城京で建設するという計画決定がいち早くなされたのだと考えられます。

そして、天智天皇が作ったという釈迦三尊や皇極太上天皇の繍仏などが、天武朝大官大寺（高市大寺）から平城京の大安寺へ直接、移されたのだとみられます。

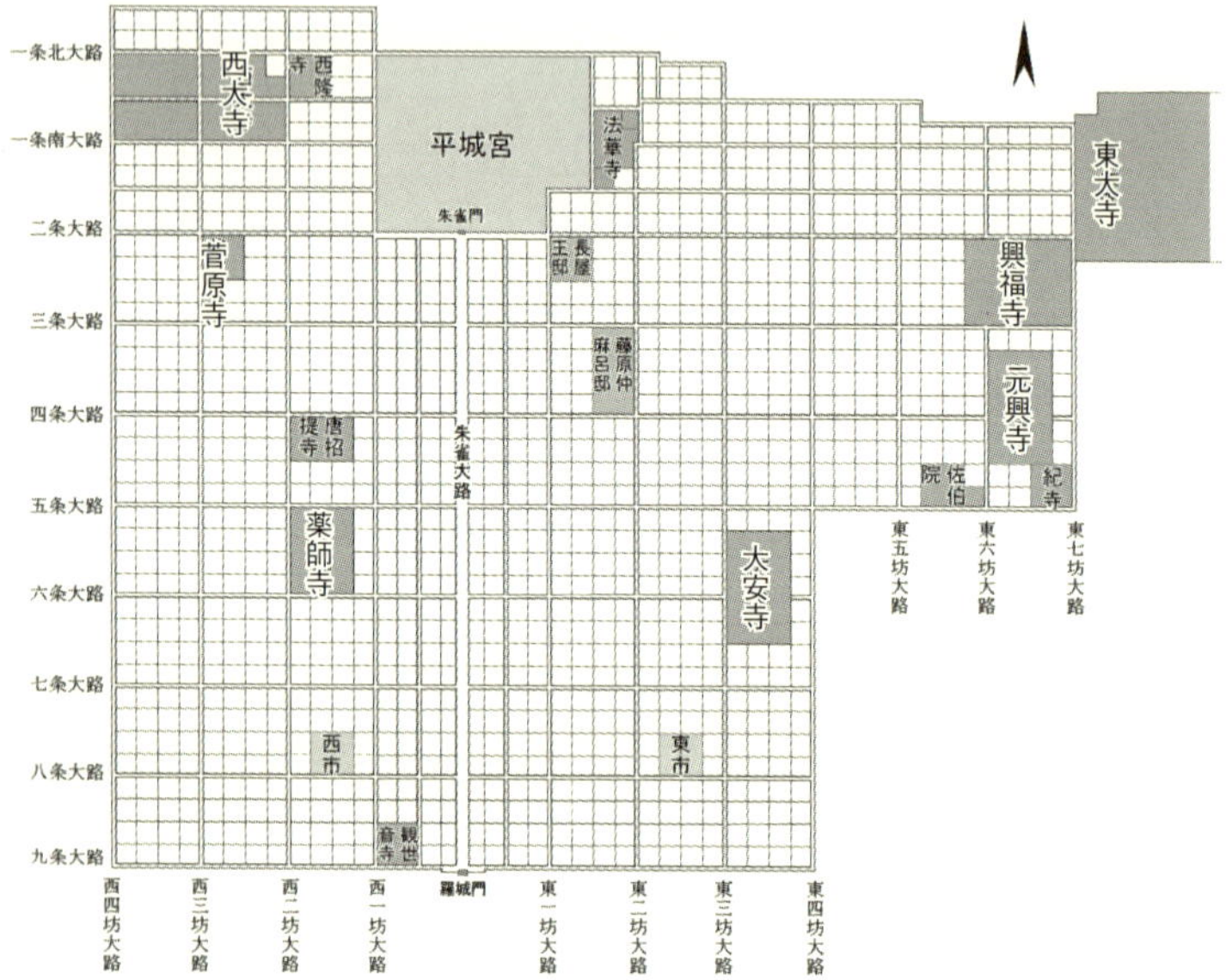
一条北大路
一条南大路
二条大路
三条大路
四条大路
五条大路
六条大路
七条大路
八条大路
九条大路
西大寺
西隆寺
平城宮
朱雀門
法華寺
東大寺
長屋王邸
菅原寺
興福寺
藤原仲麻呂邸
元興寺
唐招提寺
朱雀大路
佐伯院
紀寺
薬師寺
大安寺
西市
東市
観世音寺
羅城門
西四坊大路
西三坊大路
西二坊大路
西一坊大路
東一坊大路
東二坊大路
東三坊大路
東四坊大路
東五坊大路
東六坊大路
東七坊大路

●平城京の条坊復元図

## 大安寺が国の大寺の筆頭

『続日本紀』からは、寺院名の記載順について知ることができます。平城京にあった大寺院に国家鎮護のために経典を読ませたりする際、その寺院名を書く順番があったようで、奈良時代の中頃までは、大安寺、薬師寺、元興寺、興福寺の順に記されています。この順番が国の大寺としての重要度、つまり寺格を反映しているのであれば、奈良時代には筆頭の大安寺がもっとも格が高いとみられていたことになります。

奈良時代後半には、東大寺が造られますので、大安寺、薬師寺、東大寺、興福寺という順になりますが、大安寺が筆頭であることは変わりません。これが平安時代になると、東大寺、興福寺、元興寺、大安寺の順に書かれるようになり、第一、二位の東大寺、興福寺と、大安寺、薬師寺は逆転してしまいます。

## 大官大寺を改め大安寺という呼び名に

平安時代の初め、延暦十六年（七九七年）に完成したとされる『続日本紀』では、前身の大官大寺の時代も含めて、すべて大安寺と記載されています。正倉院文書では、天平十年（七三八年）以前には、大安寺と呼ばずに「大寺」、あるいは大官大寺を略した「大官寺」と書かれています。大安寺と呼ばれるようになったのは、天平十年頃からだとみることができます。

大安寺の名については、『扶桑略記』では天平十七年（七四五年）に大官大寺を改め大安寺とすると記されており、「天下大平　万民安楽」の意味だとあります。「天下太（大）平」の大と「万民安楽」の安をとって大安寺だということです。古文書では天平十年（七三八年）くらいから大安寺という名が使われていますので、霊亀二年（七一六年）に平城京での大安寺造営が計画決定されているものの、伽藍が整うのは天平十年くらいではないかと考えることができます。

## 平城京に十五町もの大安寺の敷地

大安寺の『資財帳』では、大安寺の寺地、すなわち境内が合わせて十五坊あると記されています。「坊」としていますが、これは条坊制の「坊」ではなく、大路に囲まれた街区の中をさらに縦横三本の小路で区切った十六の区画のひとつである「一町」のことです。一町は四五〇尺四方ですので、約一六〇〇〇平方メートルになりますから、十五町＝二四万平方メートルもの敷地が、平城京の大安寺の境内ということになります。

境内の内訳についても『資財帳』にあります。塔院が四町。金堂・講堂などの堂と僧房がある区画、つまり主要伽藍があるところが四町。禅院と食堂、太衆院が一・五町。池ならびに丘（境内にある杉山古墳とみられます）が一町。賎院（寺に隷属する下働きの人々の住居部分）が一・五町。苑院が一町。倉垣院、正倉など寺倉が建っているところが一町。花園院が一町。これで計十五町になります。

ちなみに最後に挙げた花園院の花というのは仏に供える供華のことですが、現在でも仏前やお墓に供えるような常緑樹、つまり下草などと呼ばれるビシャコ（ヒサカキ）や、槇《まき》や樒《しきみ》などではないかと思われます。春日山の一部が花山と呼ばれるのは、興福寺や東大寺の仏前に供える樒を採る山であったからだそうです。

## 院地の配置復元には通説の再検討が必要

塔院の四町が六条大路の南の七条四坊、金堂・講堂などの堂と僧房が六条四坊の西南四町を占めるのは、その遺跡もあって間違いありません。他の院地については、時計回りに書かれているとみて、割りふった復元図が69ページの図Aです。これがこれまでの通説になっています。

ところがこの復元には問題があります。この復元では、大安寺境内の北限が五条大路のひとつ南の道、五条条間北小路になりますが、この道路は杉山古墳の後円部を通ることになるのです。杉山古墳の後円部は削られている様子がなく、古墳の墳丘が残っていますので、道路は施工されず、大安寺境内の北辺も築地塀で閉じることができないとみられます。また、平安時代の大安寺再建時の寛治四年（一〇九〇年）の「官宣旨案」では、西面築地が四町、北面の築地塀が三町とされており、平安時代の大安寺が東西三町、南北四町あったとみられることから、奈良時代の大安寺も、薬師寺と同じく五条大路までが寺域であった可能性があります。

五条大路までが寺域であれば、杉山古墳はすべて境内に含まれ、後円部が削られていないことと矛盾しません。五条大路までを寺地とした場合の復元（69ページの図B）も検討する余地がありそうです。

この場合、塔院だけが七条四坊にあるほかはすべて六条四坊に収まります。十五町のうち、四町が七条四坊の塔院ですから、六条四坊では十一町を占めることになり、東西三町、南北四町の境内のうちの東南の一町は、天平十九年（七四七年）の『資財帳』段階では境内に含まれていなかったことになります。

主要伽藍の東側にあたり、通説では苑院が推定されているこの東南の一町部分の発掘調査では、これまでに礎石建物や塼《せん》積《づ》みの立派な井戸などが見つかっており、「東院」と墨書された土器が出土しています。

『東大寺要録』に「大安寺碑文」が収められています。この碑自体は現存しませんが、この碑文によれば、大安寺の寺内東院には皇子大禅師と呼ばれた光仁天皇の皇子、桓武天皇の弟である早良親王が出家し、止住していたとあり、「東院」の存在が推定できます。「東院器」と記された墨書土器はその北側からも出土しています。奈良時代の末には主要伽藍の東側に東院が営まれ、境内に含まれていなかった東南の一町も境内に含まれることになり、東西三町、南北四町といった範囲が平安時代の大安寺境内になるとも考えられます。

このように考えると、六条四坊に大安寺境内はすべて収まることとなりますので、大安寺の院地の配置については再検討が必要だと思われます。

●大安寺の寺地と院の配置復元案

A

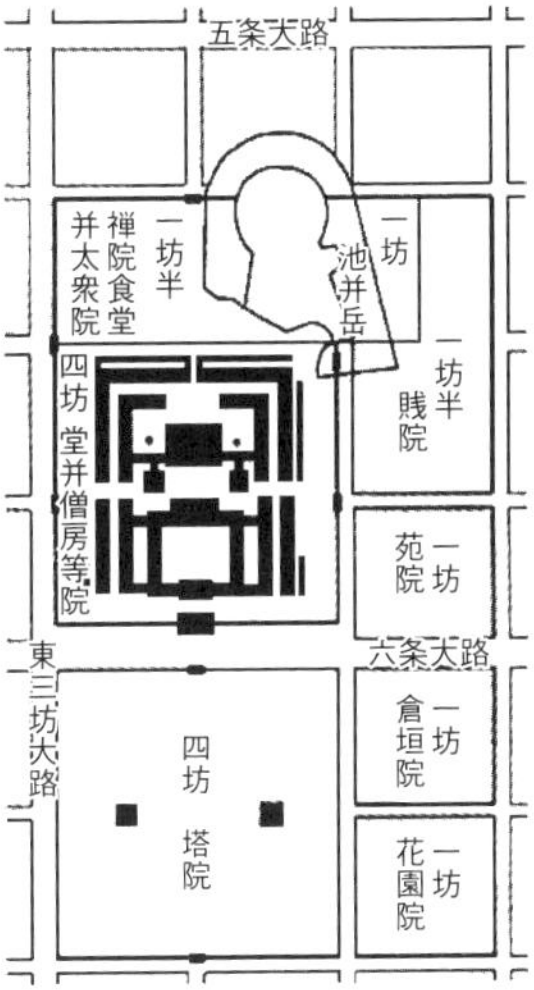


B

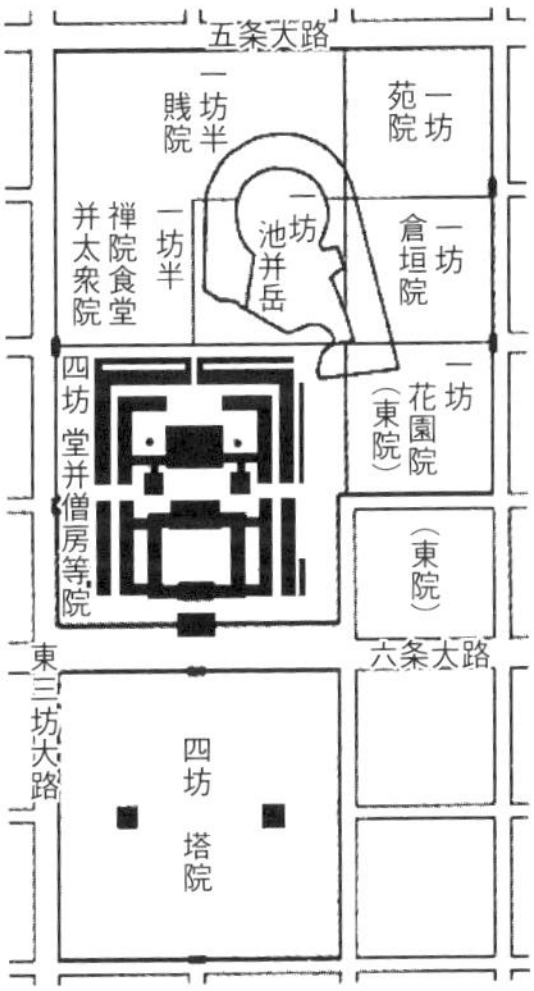

## 大安寺の七堂伽藍

それぞれの遺構について詳しくご紹介する前に、まず大安寺の伽藍の基本的なことについてお話をしましょう。

寺院の伽藍のなかで、主要な七つの建物が「七堂伽藍」と呼ばれます。七堂とは、塔、金堂、講堂、鐘楼、経蔵（楼）、僧房、食堂のことです。

### 塔は仏舎利を納めるところ

まず塔ですが、大安寺には東西二つの塔があり、六条大路の南、七条四坊に別院として営まれています。塔は、お釈迦さまの仏舎利を祀るストゥーパ（卒塔婆）です。お盆のときにお墓に供える木の板も塔婆で、塔を建てることが積善となる、つまり良い行いをすることが亡くなった人への供養になるというわけです。

もともと塔は、インドでは仏舎利を納める土饅頭だったのが、中国で三、五、七、九といった奇数の屋根を持つ高層の木造建築になります。飛鳥時代の塔では、塔の中心の心柱を据える心礎に舎利孔を穿ち、そこへ仏舎利を納めています。

大安寺の塔では、西塔の心礎の中心が突出した出枘《でほぞ》をもつ礎石になっています。東塔は心礎が残っていないのでわかりませんが、奈良時代になると、塔の心礎は出枘のものが多く、仏舎利は心柱を穿って安置したり、塔の上部の相輪内などに納められ、心礎には納めていなかったのかもしれません。

## 金堂はもっとも格の高い建物

大安寺の金堂は、大安寺小学校の南側、大安寺八幡町の民家、東側三軒くらいのお宅の地下ということになります。

金堂は仏像を礼拝し、お祀りする御堂、つまり仏殿です。塔と金堂が仏を祀る場で、伽藍の中枢といえます。古代インドでは、お釈迦さま（仏陀）への礼拝が最初、仏舎利を納めた仏塔を中心に展開し、そして仏像ができ、仏像を祀る祠堂である金堂が加わったとされます。ただ、日本の場合は、仏教の伝来当初から、金堂が最も格の高い建物ということになっていたようで、寺院を造営する場合は、この金堂を先に建てています。

金堂は重要視され、もともと人が立ち入る建物ではなく、お坊さんといえども妄《みだ》りに建物の中へは入れなかったようです。堂内に人の入るスペースはほとんどありません。建物なのですが、厨子《ずし》、つまり仏壇のようなものと考えたほうがよいようです。

## 塔・金堂・中門・南大門が仏様のための建物

次に門ですが、まず金堂に付属する門である中門。境内を囲う築地塀に開く南大門。大安寺の場合はこの南大門の外の別院に塔があります。『資財帳』では北門や東西の門は僧門と呼び、この中門と南大門を仏門と呼んで、区別しています。

したがって、塔と金堂と中門、南大門が仏様のための建物といえます。

## 大きな講堂はお坊さんたちの教室

仏様のための建物に対して、僧侶たちが集団生活、修行を行う、言わば人間のための建物もあります。北側にある講堂、梵鐘がかかっている鐘楼、経典が納めてある経楼、お坊さんたちの寄宿舎である僧房、お坊さんたちが食事をとる食堂です。

講堂は、お釈迦さんの教えをまとめた経典をもとにした説教や講義を聞くための、お坊さんたちの教室と考えていただければよいと思います。寺内の僧侶が参集しますので、奈良時代の寺院では講堂の方が、金堂よりも広く大きな建物になっています。

## 僧房はお坊さんたちの寄宿舎

鐘楼というのは鐘つき堂です。時を告げ儀式のときに鳴らす梵鐘を掲げています。寺内に鐘の音がよく聞こえるよう、楼閣になっています。経典を納める経楼と、左右対称に同じ規模で造っていますので、経楼と鐘楼の区別は遺構からではなかなか判断できません。お坊さんたちが生活している寄宿舎である僧房は、ロングハウスになっています。長い建物を仕切って、小部屋をつくってある集合住宅です。

食堂《じきどう》はお坊さんたちが参集して食事をする堂で、講堂や金堂に次ぐくらいの大きさがあります。食事をとる食堂だけでなく、厨《くりや》、竈屋《かまどや》、井屋《いや》、碓屋《うすや》などが付属します。

大安寺を運営する事務機関である、政所院《まんどころいん》なども付近にあります。木簡、墨書土器、硯などの出土遺物から、大安寺境内の北部、杉山古墳の西側に、寺の事務をとり行う太衆院《たいしゅいん》の存在が推定できます。食堂もその付近に推定可能ですが、遺構はまだ見つかっていません。

## 大安寺式伽藍配置の特徴

大安寺の伽藍は、「大安寺式伽藍配置」という名前で呼ばれます。七重塔である東西の大塔が主要伽藍の南、六条大路を隔てて別院に、主要伽藍と同じ広さの位置を占めて建てられているということが、まず一つ目の特徴です。（79ページの図参照）

## 金堂前に仏教儀式を行う場

右京の薬師寺では金堂の前に両塔が立ち、金堂と塔を回廊が囲んでいます。これに対して大安寺では、金堂前が広場になっています。ここで仏教儀式を行うためで、これが二つ目の特徴であり、奈良時代の寺院の特徴にもなっています。

本尊を安置した金堂の前に、整然と僧侶が並んで法会が行われるのであり、平城宮大極殿前の朝庭に貴族や官人が居並び、儀式が行われるのと共通するあり方をしています。

## 他の大寺院と比べて僧房が長大

三つ目の特徴は、大安寺はお坊さんたちの住んでいる僧房が長大だということです。「三面僧房」という名があるように、大寺院の僧房でも通常は講堂の周り、北側と東西を取り囲むように造られています。しかし大安寺の「三面僧房」は、中門の東西まで僧房があって、伽藍全体を僧房が取り囲み、さらにそれが三重になって、太房、中房の外側に小子房が造られています。

大安寺の僧房が長大なのは、多くの僧侶が止住することを前提としていたためで、『資財帳』では僧八百八十七人と記されており、千人近い僧侶や沙弥がいたことがわかります。

## 柱間寸法が長く建物が大きい

四つ目の特徴は、発掘調査で確認できたことですが、建物の柱と柱の間の寸法が長いということです。

奈良時代の一尺は二九・五センチから二九・六センチくらいだと思ってください。薬師寺の回廊の梁間の柱間寸法は一〇尺（約三メートル）とキリのいい数字になっています。これに対して大安寺の回廊の梁間は十三尺と、一・三倍の長さがあります。

柱と柱の間が長いということは、柱も長く、建物の軒高も高いということです。大安寺の建物は「大寺」の名のとおり、規模が大きいということがわかります。南大門や中門の柱間は一七尺や一八尺という長さになっていますが、十三や十七、一八尺という柱間寸法は、藤原京の大官大寺の建物でも使われている長さで、こうしたところも大安寺は「大寺」の伝統を受け継いでいます。

また、太房の桁行の柱間は一三・八尺という端数がついた長さになっていますが、こうした端数をもつ柱間は回廊にもあって、中門の東西両脇の回廊の柱間五間分は一四・八尺になっています。大安寺では僧房や回廊という細長い建物にこうした端数をもつ柱間寸法が使われており、これも大安寺伽藍の特徴のひとつと言えます。

## 古代仏教寺院の伽藍配置

「大安寺式伽藍配置」についての理解を深めるために、ここで少し、古代寺院の一般的な伽藍配置の流れを見ておきたいと思います。（78ページ図参照）

### 塔を三金堂で取り囲む飛鳥寺式、塔と金堂が縦に並ぶ四天王寺式

わが国の七世紀の古代寺院、すなわち最初に建てられた飛鳥寺、あるいは大阪の四天王寺という古い寺院では、塔と金堂を回廊で取り囲んでいます。その回廊によって、堂塔の周りを回って礼拝する、行道といった礼拝方式の存在も推定されています。飛鳥寺には三つの金堂があって、中金堂と東西の金堂が塔を取り囲んで建っています（78ページ①）。「四天王寺式伽藍」というのは、塔の背後に金堂があります。飛鳥寺の東西の金堂を省略したのが四天王寺式（同②）とも考えられます。これはお隣の韓国、当時の百済から伝わった伽藍配置で、扶余の定林寺が四天王寺式伽藍配置です。韓国の益山弥勒寺などは、四天王寺式伽藍を三つ並べたような配置をもっています。

また、八角塔の周囲に三金堂がある高句麗の清岩里廃寺などが、飛鳥寺の一塔三金堂の配置のルーツだと考えられており、塔が伽藍の中心で、金堂よりも塔が重要視されたとす

る見方が従来なされていました。

## 塔と金堂が並置・同格の法隆寺式・法起寺式

次に、「法隆寺式伽藍配置」を見ていきましょう。百済大寺と考えられている吉備池廃寺も、同じ形式です。吉備池廃寺（同④）のほうが法隆寺の西院伽藍よりも古いわけですから、将来、「百済大寺式」と呼びかえられるかもしれません。

「法隆寺式伽藍配置」は、塔と金堂が並んであります（同⑥）。したがって、塔と金堂に対等に礼拝する方式、塔と金堂が同格になった形だと説明されています。中門から向かって左に塔があるのを法隆寺式、塔と金堂の位置が入れ替わって、向かって右側に塔があるのを「法起寺式伽藍配置」と呼んでいます。この伽藍配置をもつ古代寺院は多く、寺院造営に適した山裾の地形に合わせて作りやすい伽藍配置でもあることは事実です。

## 東西二つの塔の薬師寺式が登場

天智天皇の時代に造られたとみられる川原寺は、二つの金堂をもっています（同③）。飛鳥寺の三金堂を省略した形ともされますが、法起寺式の金堂を南北にして、講堂のところに中金堂を作れば「川原寺式伽藍配置」になります。

## 飛鳥寺式

飛鳥寺

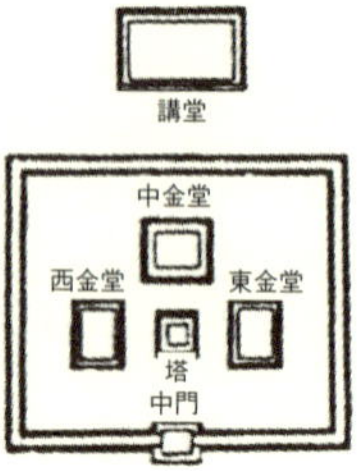


①

## 四天王寺式

四天王寺

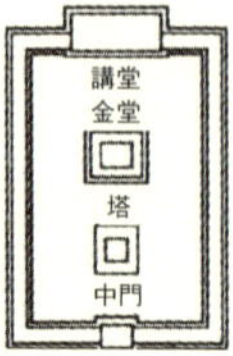


②

## 川原寺式

川原寺

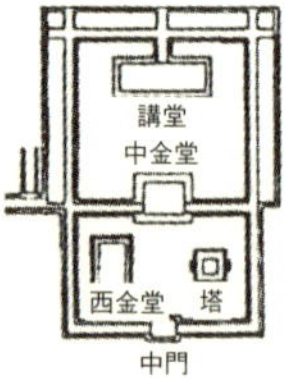


③

吉備池廃寺

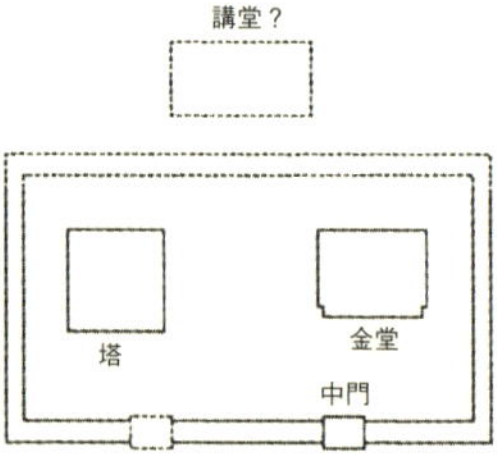


④

## 薬師寺式

本薬師寺

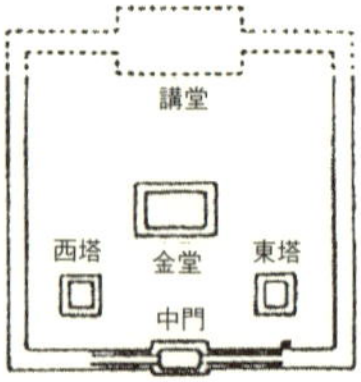


⑤

## 法隆寺式

法隆寺西院

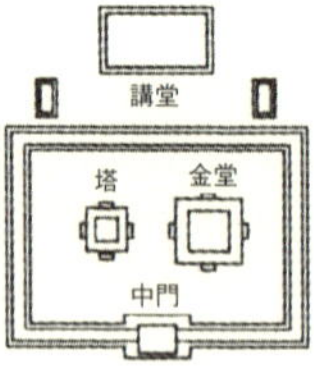


⑥

●大安寺の伽藍配置

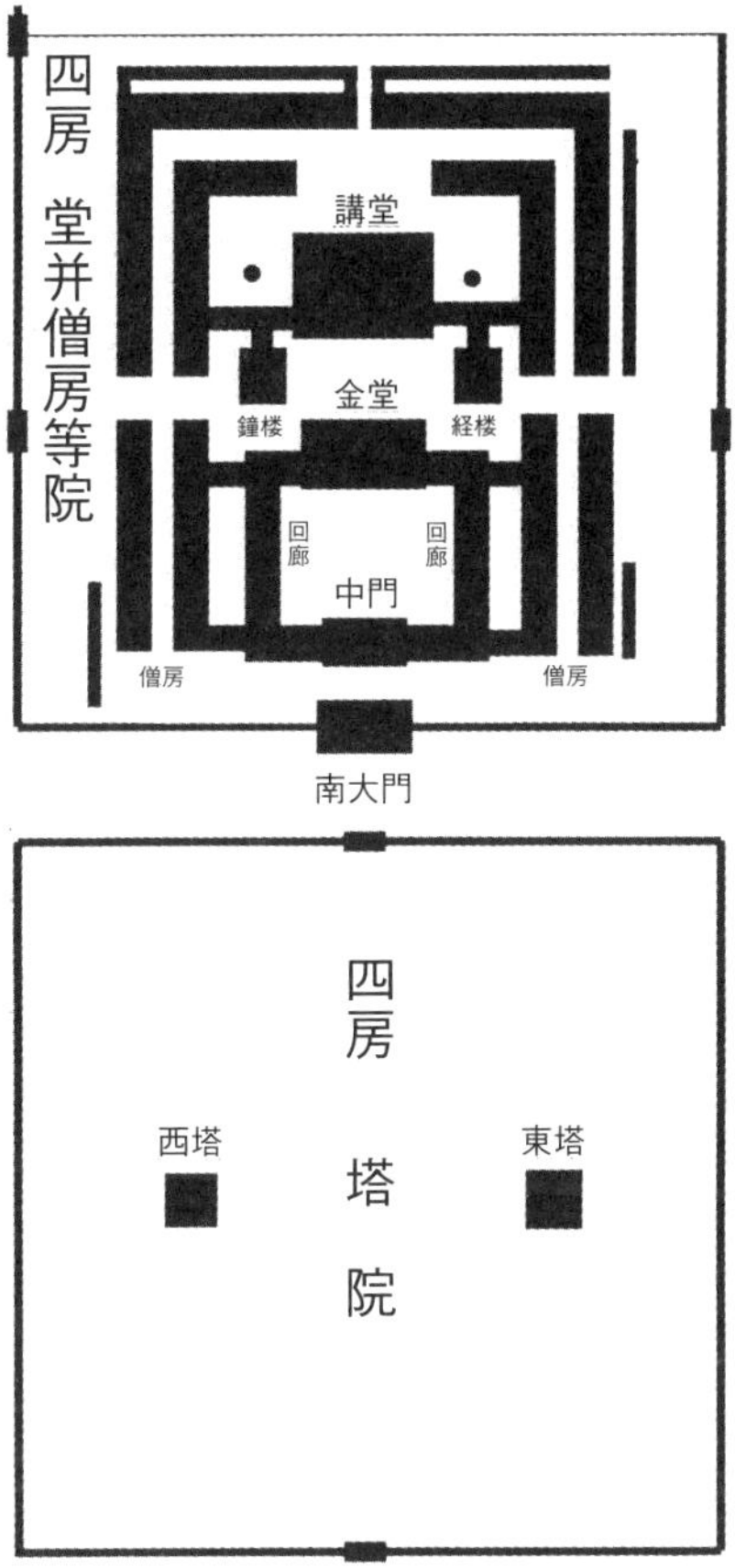

奈良時代の直前の七世紀末頃には、東西二つの塔をもつ「薬師寺式伽藍配置」（78ページ⑤）が登場します。藤原京の大官大寺は造営途中で火災にあっており、東の塔しか建てられていませんが、西側にも塔が建てられる計画があったのかもしれません。新羅の感恩寺がこの双塔式で、この形が導入されたと考えられています。

塔が二つに増えたものの、通説では、薬師寺式伽藍の段階で塔は伽藍の装飾と化したと従来、説明されています。

## 塔はシンボルとして回廊や主要伽藍の外に

そして奈良時代になると、塔は回廊の外や、大安寺のように主要伽藍の外（大路を隔てた別院）に建てられるようになり、塔は寺院のシンボルのようなものになったとされます。塔と仏舎利信仰の衰退の進行で、古代の仏教寺院の伽藍配置が変化したとされています。（79ページ大安寺の伽藍配置）

大安寺では大路を隔てた別院に塔が造営されていますが、塔院は主要伽藍と同じ四町もの広さをもっています。先に述べたように、わが国の古代寺院は当初から金堂を最初に建てて、金堂を重要視していたとみられ、塔や仏舎利への信仰の衰退だけで、別院に大塔が造られている大安寺伽藍を説明できるのかは、疑問です。

●伽藍配置図

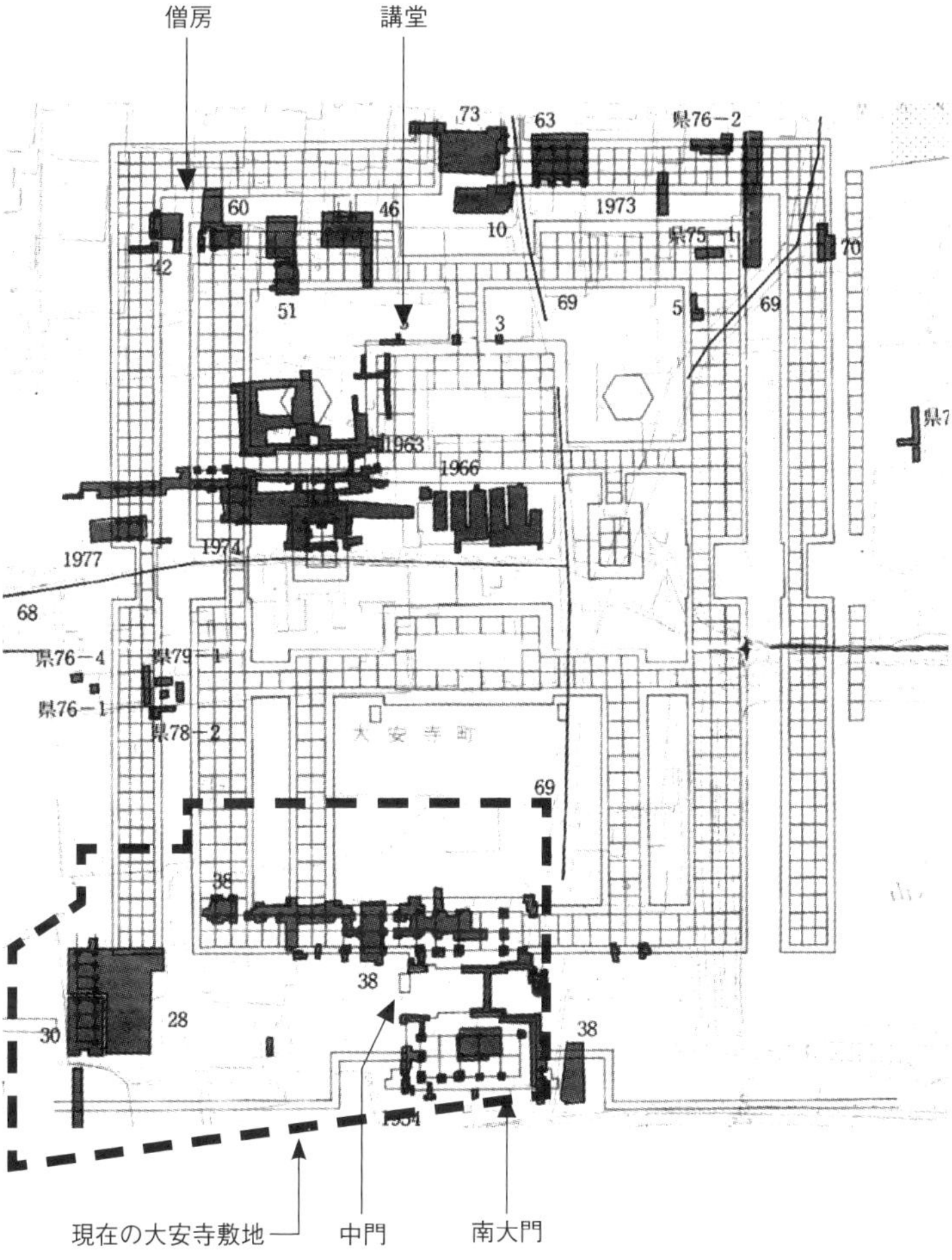


大安寺主要伽藍と発掘区（1997調査分まで）

第四部

# 大安寺の遺跡と遺物

▲現在の大安寺周辺の航空写真

## 発掘調査で明らかになった大安寺の壮大な伽藍

これまでお話してきたように大安寺の伽藍は壮大なものでした。しかし、江戸時代初めまでにすべてが失われてしまい、七条四坊の地に建っていた東西両塔跡の土壇がわずかに地上に残されているだけでした。

寺域内では、堂塔の基壇に使われた凝灰岩切石や礎石、瓦などが、農作業や工事の際にたまに発見されることがあり、広い範囲にその遺跡が残されていることが予想されていました。

## 旧境内全域が国の史跡に

最初に大安寺旧境内の発掘調査が行われたのは、昭和二十九年（一九五四年）のことです。建築学の大岡実先生らを中心にしたこの調査では、南大門、中門推定地が調査地として選ばれました。大安寺の伽藍の旧規模の一端を明らかにすることと、伽藍の中軸を明らかにすることを目的にしたものです。

続いて右京の薬師寺の南大門、中門の発掘調査も行われたのですが、二つの寺院の中軸線が明らかになり、平城京の都市設計、条坊の研究を大きく進展させるものともなりました。

その後、昭和三十八年（一九六三年）六月、大安寺小学校の体育館の建設工事中、凝灰岩切石が出土したことを契機に発掘調査が実施されました。このとき講堂跡、西僧房、西楼（鐘楼か？）、講堂と西僧房をつなぐ軒廊、井屋とみられる遺構などが見つかっています。

昭和四十一年（一九六六年）には大安寺小学校の校舎改築に伴う調査で、講堂跡の南辺が確認され、二百余点に及ぶ唐三彩陶枕《とうさんさいとうちん》片が出土しました。大安寺旧境内の地下には、奈良時代の大安寺の遺跡が広がっていることが明らかになったわけです。

昭和四十三年（一九六八年）には、それまで国の史跡に指定されていた塔跡に追加するかたちで、大安寺の旧境内全域が国の史跡に指定されるに至っています。

## 奈良市による発掘調査は続く

史跡に指定されたのち、民家の建替えなどに伴う発掘調査は、奈良国立文化財研究所（当時）と奈良県教育委員会との共同調査、あるいは奈良県教育委員会に属する奈良県立橿原考古学研究所によって行われました。

昭和五十六年（一九八一年）以降は奈良市がこうした発掘調査を受けつぐとともに、杉山古墳地区、北僧房地区、東楼（経楼か？）地区、南大門地区、塔跡地区など、史跡の保存整備に伴う発掘調査を進め、これまでに一三〇次を越える発掘調査を実施しています。

## 南大門は大きく格式高く

大安寺の南大門は六条大路に面して開きます。現在の大安寺の入口には、興福寺の一乗院から移された門が建てられており、その下に凝灰岩積で復元表示しているのが、南大門の基壇です。

奈良時代の寺院は礎石建物ですが、大安寺の遺跡では、柱が立つ礎石のほとんどすべてが抜きとられてしまっています。礎石を据えつけるために礎石の下に入れていた根石しか残されていません。それでも、この根石が残っているおかげで、柱の位置がわかり、建物

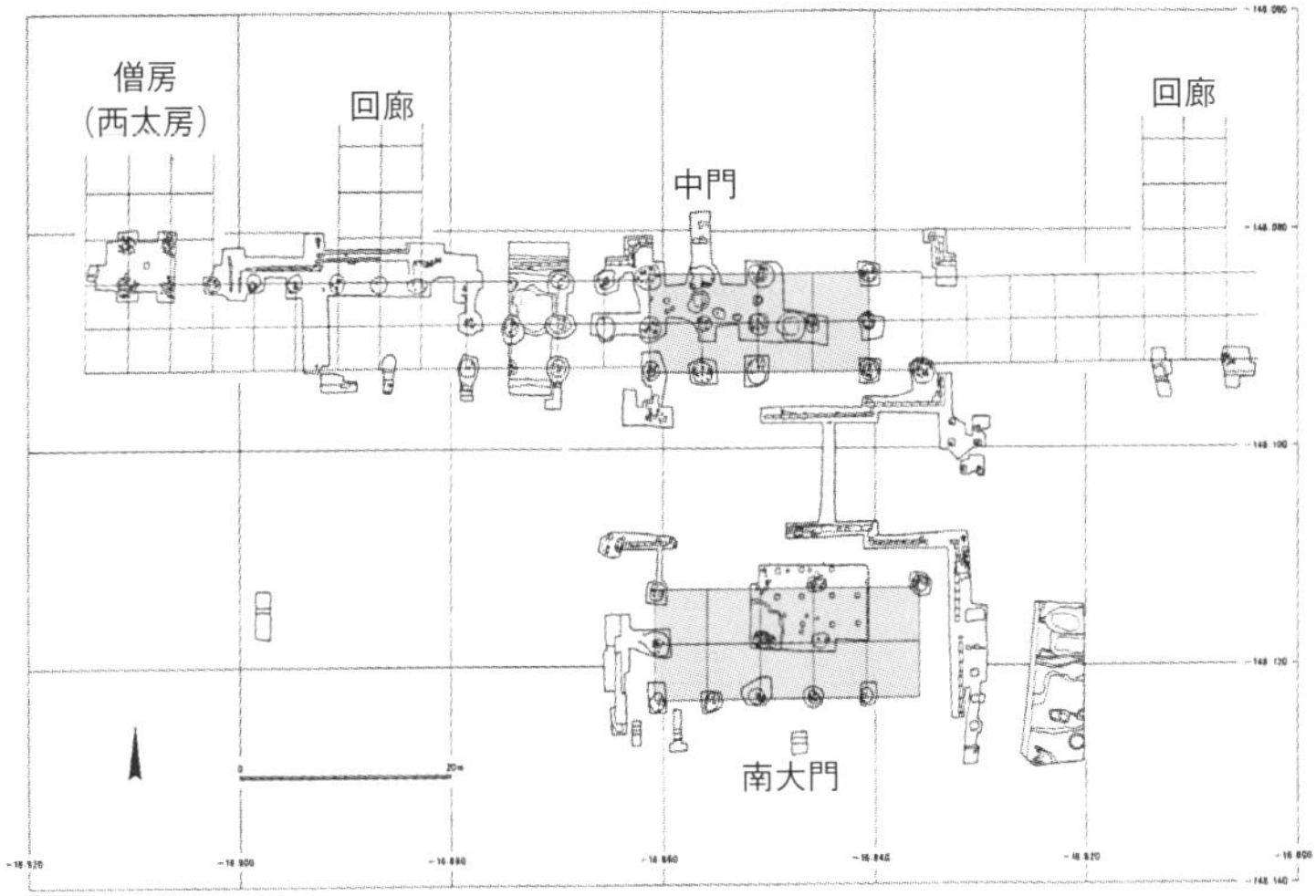


南大門・中門付近遺構平面図(「奈良市埋蔵文化財調査概要報告書」1990年から)

南大門の柱礎石の根石（38 次調査）

の大きさを知ることができます。

礎石を据えつけるための穴の中には、十七世紀の初め頃の土器片が入っており、江戸時代の初めに大安寺の礎石が取り去られたことがわかります。大安寺の礎石はどこに持ち去られたのでしょうか。礎石は郡山城に運ばれた可能性が高いようです。最近、郡山城の天守台跡が発掘調査されていますが、郡山城は築城時に、多くの五輪塔や石仏などの石造物、奈良時代の礎石などを石垣に積み込んでいることが知られています。江戸時代の初めには大安寺は伽藍のほとんどを失っていますので、大安寺に残された礎石は、距離的にも近い郡山城の築城に格好の石材であったとみられます。

## 大きさは平城宮跡の朱雀門とほぼ同じ

南大門の大きさは東西の桁行が五間（柱と柱の間が五つ）、南北の梁間が二間あります。桁行の柱と柱の間の長さは奈良時代の尺度で十七尺（五・一メートル）であることが、根石の位置からわかります。梁間も柱間寸法は十七尺です。

発掘調査では礎石の周りから小さな柱穴も出ていますが、これは南大門を建てるときの足場穴だとみられます。

桁行が五間ですので、南大門は東西の間口が二五・五メートル、南北の奥行が一〇・二メートルほどの建物であることがわかります。この規模は平城宮跡の朱雀門とほぼ同じですので、現在の大安寺の南門のところに、朱雀門のような門が建っていたと考えていただければよいと思います。

南大門の中心は六条大路の中心から北へ一〇八尺という位置にありますが、これは奈良時代の初めに使われていた一・二倍の大尺（一尺が三五・四〜三五・五センチ）なら九〇大尺というキリのよい数値になります。大安寺の伽藍の配置設計（地割）は大尺で行い、建物は小尺（一尺が二九・五〜二九・六センチ）で設計されているとみられます。

## もっとも格式の高い基壇化粧

南大門の基壇は、周囲に凝灰岩切石を積みあげた壇上積（壇正積）基壇となっています。基壇化粧には他に、自然石積、瓦積などがありますが、凝灰岩を切った切石を組みあわせた壇上積基壇は、奈良時代にはいちばん格式が高い基壇化粧とされています。平城宮の建物や、都の大寺院の主要な建物にこの基壇が見られることからも、壇上積基壇の格式の高さがわかります。（150ページの図参照）

基壇の南側は、後世に削られて、あまり残っていませんが、北側の基壇化粧は比較的よく残っていました。いちばん下に延石という平らな石を置き、その上に地覆石を置き、その上に羽目石を立てます。階段の出っ張り部分もよく残っています。

西側では、奈良時代の延石がなく、川原石を並べています。延石を自然石に取り替えていて、十三世紀の土器片が出土することから、鎌倉時代に基壇を修理していることがわかります。

基壇の大きさは東西が三三メートルで一一〇尺、南北が一七・二メートルで六〇尺くらいです。この基壇の大きさも平城宮朱雀門とほとんど同じです。基壇、土壇の本体は版築で造っています。いったん元の地表面を掘り下げて（掘込地業といいます）、新しく砂の層と粘土層を薄く搗《つ》き固めながら積みあげ、頑丈に造っています。

北側の階段部分の地覆石には、斜めの縁石、耳石（登葛石《のぼりかずらいし》）を取りつける枘穴《ほぞあな》が残っており、この穴が中央にもあります。復元すると、石段は六区画ということになり、真ん中が登れないようになっていた可能性があります。中国・北京の紫禁城などに行くと、宮殿の石段の中央には平らな石が据えられて龍や鳳凰が彫ってあり、輿《こし》に乗った皇帝だけが通ることができて、他の人々は中央を通れないようになっています。同じように大安寺の場合も（龍や鳳凰の彫刻があったかどうかはわかりませんが）、三間ある扉の中央、真ん中は歩いては通れなかった可能性があります。

南大門の発掘調査で出土した遺物には、仏像片（塑像片）とみられるものがあります。

ひとつは、四天王に踏みつけられた邪鬼の頭部のようで、波うった縮れ毛の表現がみられます。もうひとつは、踏みつけている四天王など天部像の腕の一部とみられるものです。『資財帳』に記されている南中門の四天王像二具の一部に該当する可能性もあって、南大門は南中門と呼ばれていた可能性もあります。

## ●南大門の遺跡

現在の大安寺南大門。(興福寺の一乗院から移設された門が建てられている。その下に凝灰岩積で復元表示しているのが奈良時代の南大門の基壇。)

南大門北階段の遺構(92次調査)

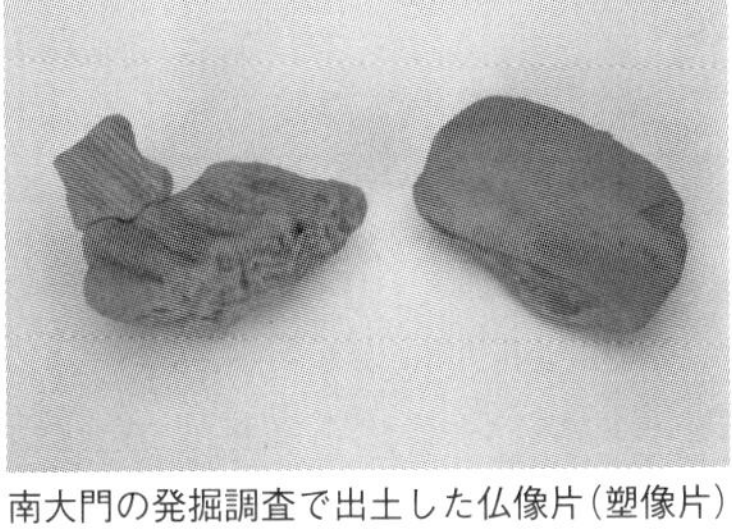

南大門の発掘調査で出土した仏像片(塑像片)

## 横長の中門

南大門を入ったところにあるのが中門です。現在、南大門跡のすぐ北に中門跡という石標が建っています。南大門と同じく昭和二十九年（一九五四年）に調査が行われており、奈良市の三八次調査では遺構の位置の確認調査がされています。中門も桁行五間、梁間二間で、両側に回廊がつながっており、回廊に開く門です。

中門は中央の三間、扉が開く所の柱間の長さが一八尺（五・四メートル）で、両脇が十七尺（五・一メートル）になっています。梁間、奥行きの柱間は一五尺（四・五メートル）ですので、東西が二六・四メートル、南北が九メートルの門ということになります。南大門よりも横長です。

基壇は東西が二九・六メートルですので一〇〇尺、南北が一四・八メートルで五〇尺くらいの大きさがあります。中門の場合も南大門と同じく、礎石はすべて抜きとられています。

## 大官大寺の二分の一の回廊

中門の両側には回廊がとり付き、回廊が北へ曲がる端のところから、さらに僧房まで廊下がつながっています。

回廊は、壁の両側を通ることができる複廊です。梁間二間で、柱間寸法は十三尺（三・九メートル）ですから、幅七・八メートルということになります。

桁行の柱間は、中門脇の五間は一四・八尺という端数のついた柱間になっています。一四・八尺が五間分で、計七四尺。南の回廊は七間で、六間目と七間目で北に曲がりますが、

●大安寺現境内で検出された遺構（回廊・西太房・西中房）

南面回廊の基壇（38-2 次調査）

西太房柱礎石の根石（38-2 次調査）

西中房柱礎石の根石（42-12 次調査）

この部分は南北方向の回廊の梁間と同じ十三尺にしないとつながりませんので、六間目と七間目で計二六尺。こうして中門両脇の七間の南回廊は一〇〇尺の長さになっていることがわかります。

これは、一〇〇尺という回廊の長さが最初に決まっていて、十三尺二間の二六尺を除き、残りの七四尺を五間で等分した結果、一四・八尺という端数のついた柱間が生じたと考えられます。既定の一〇〇尺という長さは、大安寺の前身である大官大寺の中門脇南回廊の長さ二〇〇尺の半分です。大官大寺の回廊の長さの二分の一を大安寺の回廊の長さにしたために、一四・八尺という柱間が生じたと考えられます。

『資財帳』では回廊について「金堂東西脇各長八丈四尺　廣二丈六尺　高一丈五寸」、「東西各長廿丈五尺　廣二丈六尺　高一丈五寸」としています。金堂脇の北回廊については、八四尺（八丈四尺）から、接続部の十三尺二間を除くと、五八尺になります。これを四間とみると、柱間は一四・五尺となります。また、東西の南北方向の回廊も、二〇五尺（廿丈五尺）から十三尺二間を除いた一七九尺を十三間分とみると、柱間は約十三・八尺と推定することができます。

このように大安寺の回廊は全体の長さが先に決まっており、それに規制されて、桁行の柱間に差が生じているとみられます。

## まぼろしの金堂

中門を入ると金堂です。金堂跡は大安寺小学校の南側で、現在は住宅地になっており、発掘調査されたことはありません。人家が建つ明治三十年くらいまでは、土壇が残されていたと伝えられています。

『資財帳』では金堂について「金堂　長十一丈八尺　廣六丈」と記されており、長さ（桁行）が一一丈八尺（一一八尺＝約三五・四メートル）、奥行（梁間）が六丈（六〇尺＝約一八メートル）の建物であったということがわかります。

桁行七間、梁間四間くらいの建物が想定されているわけですが、重層の建物なのか、単層なのかはわかりません。ただ重層の建物とみる意見が多いようです。興福寺の中金堂が桁行一〇九尺ですので、復元工事が進んでいる興福寺よりも少し大きい金堂ということになります。

金堂の位置は、平城京の条坊の六条南条間路の中心から、南へ二〇大尺（二四尺）の位置になるようです。

金堂跡の北側、講堂跡との間からは、軒先の垂木の端にとり付ける垂木先瓦が出土しています。四角い飛檐垂木《ひえんだるき》にとり付ける方形のものと、丸い地垂木にとり付ける円形のものがあり、いずれも褐釉《かつゆう》と緑、あるいは透明釉と緑の二彩を施釉し、四弁の花を描いたものです。講堂の軒先を飾ったとみる意見もあるところですが、金堂のものである可能性のほうが高いようです。わが国で作られた奈良三彩で、大安寺の造営時期である天平年間の前半期、七三〇年代には確実に三彩釉の技術が日本で確立していることがわかります。

## 講堂の広さは金堂の約二倍

講堂は、大安寺小学校のグランドの東部分（96ページ写真参照）。『資財帳』では「講堂長十四丈六尺 廣九丈二尺 柱高一丈七尺」と記されています。金堂の北側一七〇大尺（二〇四尺）くらいに位置するようです。

講堂復元案はいろいろあって、奈良国立文化財研究所におられた岡田英男先生は桁行九間、梁間六間の建物を推定されています。大岡実先生は桁行七間、梁間七間の建物を推定されています。講堂の発掘調査で柱位置が確認されていませんので、現状ではどちらとも言い難いようです。

ただ、長さ（桁行）が一四六尺（十四丈六尺＝約四三・八メートル）、奥行（梁間）が九二尺（九丈二尺＝約二七・六メートル）ですので、平面規模としては、講堂は金堂の二倍近い広さをもっています。大官大寺は金堂と講堂が同じ大きさですが、大安寺では、仏様を祀る本堂よりも、お坊さんが講義を聴く講堂のほうが広くなっています。

## 西と東の二つの楼閣、鐘楼と経楼

大安寺の講堂から東西両側に伸びている廊下の南側には、東西二つの楼閣があることが発掘調査で確認されています。建物の大きさはどちらも、桁行三間で梁間が二間。同じ大きさですから、どちらが梵鐘を吊る鐘楼で、どちらが経典を収める経楼だったのか、よくわかりません。大安寺の場合は東側を経楼、西側を鐘楼と従来から呼んでいますが、反対かもしれません。

西の楼は大安寺小学校の運動場の南のはしで、東の楼は小学校の東側（96ページ写真参照）にあります。建物の大きさは同じで、『資財帳』には「合楼貳口」、「一口経楼　長三丈八尺　廣二丈五尺」、「一口鐘楼　丈尺如経楼」と記されています。

西楼の発掘調査で東西の広さが確認されましたが、梁間が柱間十二・五尺で、『資財帳』の記載と合致します。東の楼では平安時代の火災の痕跡が認められました。これが寛仁元年（一〇一七年）の火災とみられ、焼け土を整理し、建て直されていることがわかります。

●現在の大安寺近隣に大きくひろがる、かつての大安寺旧境内

大安寺小学校と、道をはさんで位置する小学校グランド。かつての大安寺の、講堂や西の楼（鐘楼）があった。

住宅地になっているところも多い、大安寺旧境内北側。

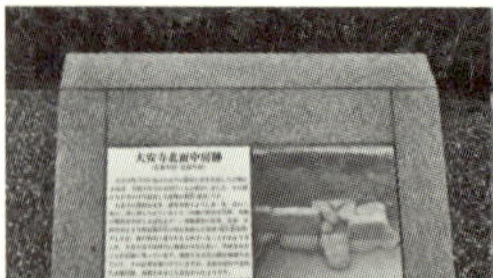

長大な僧房跡など、当時を物語る遺跡の保存は部分的だが徐々に進んでいる。

## 伽藍三方をとり囲む長大な僧房

僧侶たちの寮、あるいは寄宿舎ともいえる長大な僧房は、74ページでご紹介したように、大安寺の伽藍の特徴となっています。講堂を囲む三面僧房と呼ばれるものよりも、東西の南北方向の僧房が長く、中門付近まで伸びているのです。

内側を太房、外側に中房、一番外側に小子房があります。房とは部屋の意味です。

太房と中房の棟通りは七二尺（六〇大尺）離れて位置しており、伽藍中軸線から東西の太房棟通りまでは二〇四尺（一七〇大尺）、中房棟通りまでは二七六尺（二三〇大尺）になります。すなわち太房と中房は、伽藍中軸から二四〇尺（二〇〇大尺）の位置から、三六尺（三〇大尺）ずつの位置に割りふって配置された可能性が考えられます。この二四〇尺（二〇〇大尺）というのは大官大寺の伽藍中軸から回廊端までの長さであり、大安寺の僧房はこの長さを基準にして設定された可能性があります。

『資財帳』では「合僧房壹拾参條」として、まず「二列東西太房列」とあり、次に「二列東西太房北列」とありますので、最初のものが太房南列とみられます。その次が「二列東西南列中房」と「二列中房北列」、そして「二列北太房」と「北東中房」、続いて「小子房」について記しています。

「北西中房」の記述が『資財帳』にはないのですが、発掘調査ではこの北西中房の遺構を検出しています。書かれていないのは、記述が欠落しているのではなく、『資財帳』が作成された天平十九年（七四七年）以後に建てられたためだと考えられます。

## 太房と中房の柱間寸法の違いからわかること

太房の広さ、梁間を『資財帳』は「二丈九尺」としています。しかし、太房の梁間は一三尺三間であることが発掘調査で明らかになっていますから、これは「三丈九尺」の書き誤りです。中房は三丈（三〇尺）ですから、一〇尺三間です。

長さのほうは、太房と中房の南列が同じ長さで「廿七丈四尺五寸」と『資財帳』にありますので、二七四・五尺とします。太房については、回廊とつながっている二箇所の二間が一三尺で、その二間分の二六尺を除き、残りを一八間で等分すると、一三・八尺になります。中房は一三・〇七尺の二一間となっているようです。

北列のほうは、太房が「二十四丈五尺」となっています。北端の北太房とつながるところは、太房の梁間が一三尺ですので、この北端の三間が一三尺となっており、残りを一五間とみると柱間寸法は一三・七三と、一三・八尺に近い数値が得られます。また中房の「二十九丈一尺」は、二二間とみれば柱間寸法は一三・二二尺となります。

北太房は「長十二丈五尺」ですが、これは九間で等分すると柱間が一三・八八とやや長くなります。北東中房と北西中房の長さは同じとみられますが、「二十七丈」とすると、東西端の各三間は中房北列の北端につながっていますので、ここを一〇尺三間として、残りを一八間とみると、柱間寸法は一三・三三尺になります。

大安寺の僧房は、これまでの発掘調査によって、太房は桁行の柱間が一三・八尺で、梁間は一三尺。中房はこれに対して、桁行の柱間が一三尺で、梁間が一〇尺と認識されています。大安寺の僧房には既定の建物長がまずあって、建物長を必要間数で等分し、正確には一三・八尺、一三尺に近い柱間寸法としている可能性が考えられます。

## 大官大寺の伽藍地割を造営の基準に

さて位置ですが、僧房の南端である中門棟通りから北へ五五八尺（四六五大尺）の位置に北太房の棟通り、さらに七二尺（六〇大尺）北に北中房の棟通りが位置します。北中房は中門からすると六三〇尺（五二五大尺）北にあり、これは大官大寺の回廊南北の長さ六六〇尺（五五〇大尺）の南三〇尺（二五大尺）の位置であり、これも大安寺伽藍は大官大寺伽藍地割を造営基準にしている可能性が考えられるところです。

太房の桁行が柱間一三・八尺といった端数をもつことも、回廊の場合と同じく、建物長が最初に決まっており、既定の建物長を必要な間数で割ったため、生じたとみられます。大安寺の僧房の南北が、大官大寺の回廊南北の長さに収まり、太房、中房南列の長さ廿七丈四尺五寸が、大官大寺の南回廊から金堂脇回廊までの長さ二七五尺（二三〇大尺）に近いことも、大安寺伽藍が大官大寺伽藍をもとに設計されたことを物語っているようです。

太房、中房南列は、二三〇大尺の地割でその位置が決められ、なるべく近い長さで、矛盾なく二〇間の建物を小尺で設計したため、建物の実長が一尺五寸短い二七四・五尺になったとみられますが、使用尺の間延びや誤差があった可能性もあります。

## 食堂はどこに？

発掘調査でわかることは多いのですが、調査すると新たにわからないことも出てきます。食堂の位置もわからないことのひとつです。

『資財帳』では食堂は、講堂と並び「合堂参口」とする堂で、「食堂長十四丈五尺　廣八丈六尺」とあります。一四五尺（一四丈五尺）×八六尺（八丈六尺）ですので、講堂（一四六尺×九二尺）に次ぐ大きな建物ですが、これがどこにあったのかがわかりません。

東大寺や興福寺では食堂は伽藍の北側にはなくて、東側にあります。興福寺の食堂は今

●発掘調査で検出された大安寺の僧房

北西中房の遺構
（75 次調査）

北西中房の瓦積基壇
（60 次調査）

北西中房の壇上積基壇
（73 次調査）

北東中房の柱礎石の根石
（63-1 次調査）

の国宝館のところで、東大寺の食堂は二月堂へ上がっていくところの左側、龍蔵院あたりに推定されます。大安寺の場合も、大安寺幼稚園の付近で礎石建物の基壇らしきものが発見されていますので、同じように伽藍の東側に食堂があったとする説があります。

ただ、伽藍北方の杉山古墳西南部では漆紗冠《しっしゃかん》や木簡、「大安寺」、「大寺」や「公」と書いた墨書土器、硯などが出土しており、杉山古墳の周濠部からは香盤とみられる須恵器、仏具である須恵器の浄瓶《じょうへい》、転用硯などが出土しています。こうした遺物から杉山古墳の西南には、大安寺の寺務を行っていた政所や太衆院の存在が推定できます。『資財帳』では「四坊　塔院、四坊　堂幷僧房等院」に続き、「一坊半　禅院食堂幷太衆院」とあって、食堂は太衆院近くにあったことがわかります。北中房には北へつながる廊下の遺構もあり、これが食堂につながっていた可能性があります。このように伽藍の北側に食堂の存在が推定できるのですが、その遺構はまだ発見されていません。

## 杉山古墳で大安寺の瓦を焼く

杉山古墳は、現在は杉の山と表記していますが、もともとは大安寺の隅の山、「スミヤマ」であったようです。五世紀中頃の前方後円墳です。奈良市指定文化財になっている家形埴

大安寺旧境内北部は古くから宅地化が進み、住宅地に囲まれて杉山古墳が残る。(西からの航空写真)

杉山古墳前方部につくられた杉山２号瓦窯跡

埋めたてられた周濠から出土した家形埴輪(奈良市指定文化財)

輪が出土しており、これは近畿地方の家形埴輪を代表するといってもよい優品です。

現在は全長一一〇メートルほどの墳丘が残っていますが、発掘調査で、本来は全長一四五メートルくらいの前方後円墳であったことがわかっています。全長二〇〇メートルを超すようなものが大王級の前方後円墳といわれていますが、全国的には一〇〇メートルくらいの前方後円墳が各県でいちばん大きく、その地域を支配している豪族のお墓だとみられています。杉山古墳は、それ以上のクラスの古墳というわけです。

杉山古墳は、南の前方部が削られています。墳丘西南部の斜めに削られている場所には、奈良時代に大安寺の瓦を焼いた瓦窯が発掘調査で見つかっています。壁に瓦を積んで土を塗った平窯で、六基の存在がこれまでに確認されています。奈良時代の中頃の瓦が壁に積み込まれていますので、奈良時代後半の瓦窯だということがわかります。

大安寺の創建の瓦というのは、大安寺の近くでは作られておらず、京都府綴喜郡井手町の石橋瓦窯で作られていたことがわかっています。奈良時代後半から、杉山古墳の瓦窯で、大安寺に使う瓦が作られていたようです。

ここに瓦窯があることで、大安寺を造る役所である造大安寺司や、寺を維持するための修理所なども、僧房の北側、杉山古墳周辺に想定していいのだろうと思われます。

また、大安寺の長大な僧房は『資財帳』では「蓋檜皮《ひわだぶき》」と記され、天平十九年（七四七年）には瓦葺ではなく桧皮葺《ひわだぶき》だったのですが、その後に瓦葺になったようです。さらに、大安寺の西塔跡から出土する瓦は、奈良時代末か平安時代初頭のもので、塔の建設が最後になっていることも発掘調査でわかってきています。杉山古墳にある奈良時代後半以降とみられる杉山瓦窯群は、こうした僧房や塔の瓦を作るための瓦窯であった可能性を考えてもよいのではないでしょうか。

ここまで遺跡についてお話してきましたが、大安寺の旧境内は住宅地になっているところも多いため（96ページ写真参照）、小規模な発掘調査を長年にわたって積み重ねてきました。継続は力なりということで、全体がようやくわかりかけてきたという状況であるかと思います。

## 出土する瓦が語る大安寺の歴史

次に発掘調査で出土した大安寺の遺物についてお話していきましょう。

平城京から出土する瓦には軒丸瓦、軒平瓦、あわせておよそ七〇〇種類くらいの違った文様の瓦があります。平城京の寺院でも、大安寺、薬師寺、元興寺、興福寺、東大寺、西大寺、法華寺、唐招提寺と、それぞれ異なった文様の瓦が使われています。大安寺から出土する奈良時代の瓦でも、創建時に使われたものと、その後の堂舎の建設時に使われたもの、修理用の補足瓦など、何種類かがあります。

## 創建時の瓦は平城宮系の複弁蓮華文

現在、大安寺の創建時に使われたと考えられているのが、左ページの瓦①です。この瓦は、平城宮で用いられた瓦と文様構成は同じですが、瓦をつくる笵型《はんがた》（文様が彫られた木型）が異なり、文様細部にわずかな違いがある「同型式別種」です。中房の中心に一個、その周囲に六個の蓮子をおく複弁八弁の蓮華文で、周りに連珠文と線鋸歯文《きょし》を巡らせています。

この複弁蓮華文は、二つの花弁が一セットになっており、花弁二枚の周囲を線で囲んでいます。奈良時代の複弁蓮華文には、大官大寺のもののようにこの二枚の花弁が合体しているものがありますが、大安寺の瓦は、二つの花弁がひとくくりになっている複弁になっています。また、中房が円柱状に突出しているのも、大安寺の瓦の特徴です。

軒平瓦は、花頭形の中心飾りの左右に唐草文を三回反転させ、周囲に連珠文を巡らせた均整唐草文軒平瓦です。これも文様の細部や製作技法において、平城宮の瓦とは異なる点があります。平城宮の瓦が大安寺に使われたわけではなく、同じようなデザインではある

●大安寺出土瓦

大安寺創建時の瓦とみられる
平城宮系軒瓦（①）

①の笵型を彫り直した
瓦、単弁化する（①b）

①bを参考に十二弁の
単弁にしたもの（②）

「大安寺式軒瓦」（③）

③の磨滅が進み軒瓦笵
型を彫り直す（③b）

東塔所用軒瓦

西塔所用軒瓦（④）

ものの細部が異なり、軒瓦の文様をつける木型、笵型が別のものです。

下図の図案はおそらくは同じだったのでしょうが、下図をもとに彫られた瓦の笵型が違うということだと思います。こうした平城宮系の軒瓦、つまり大安寺のように平城宮と「同型式別種」の軒瓦は、右京の薬師寺でも用いられています。

王宮である平城宮と同じ文様構成をもつ瓦を創建瓦に使用することも、大安寺の由緒が舒明天皇の百済大寺に始まる天皇家、王家の寺であること、王宮を擁護する寺であるということと関係があるのかもしれません。

この大安寺の平城宮系の軒瓦とまったく同じ瓦が、京都府井手町の石橋瓦窯跡から出土することが発掘調査でわかり、大安寺の創建瓦とみられる平城宮系の軒瓦は、山背国《やましろ》で作られたことが明らかになっています。『資財帳』によれば、大安寺が山背国に持つ三処の庄のひとつ「棚倉瓦屋」が、この石橋瓦窯に該当するとみられています。

## 大官大寺から運ばれた瓦も出土

大安寺からは、大官大寺の瓦（53ページ上）も出土します。藤原京の大官大寺（文武朝大官大寺）で出土するものと同じで、造営工事中に焼失した大官大寺に用いるための瓦と考えられます。

奈良市内中山町の中山瓦窯跡で大官大寺の瓦片が出土していますので、平城京遷都にともない、大官大寺の瓦の范型や瓦工人が移動してきた可能性も考えられています。

大官大寺の軒瓦や大安寺の創建瓦とみられる平城宮系の軒瓦は、大安寺の金堂跡、講堂跡、中門・回廊跡などから出土します。ニューデザインの平城宮系の軒瓦が金堂や中門・回廊に、大官大寺の軒瓦が講堂に主に使われた可能性も考えられないことはありません。また、大安寺の平城宮系の軒平瓦は、幅を広くしており、これは大官大寺式の大きな軒丸瓦と組み合わせるためであったとも考えられます。

## 飛鳥時代の瓦も出土。高市大寺のものか

大安寺からは大官大寺式の軒瓦以外にも、七世紀の飛鳥時代の特徴的な瓦が出土します。そのひとつが四重弧の軒平瓦で、もうひとつが凸面に布目のついた平瓦です。

平安時代くらいまでの古代の平瓦は、通常、瓦の凹面に布目がつき、凸面に縄目がついています。平瓦は奈良時代には一枚ずつ作られるようになりましたが、カマボコ形の成形台に麻布を敷いて粘土がくっつかないようにして、上から縄を巻いた木を押し付けて作るため、凹面に布目、凸面に縄目がつくのです。また、七世紀の飛鳥時代には、桶形の模骨《もこつ》に布をかぶせ、粘土を巻いて粘土円筒をつくり、これを分割して平瓦を作る「桶巻き作り」

が行われていましたが、これも凹面に布目、凸面に叩き目がつきます。

したがって大安寺から出土する凸面布目の平瓦は、桶巻き作りではありますが、布を留めた模骨の内面に粘土板を沿わせて作るといった、かなり特殊な、やりにくい作り方がされたもののようです。

この凸面布目瓦は川原寺などでも出土していますが、藤原京の大官大寺からは出土しておらず、大官大寺では使われていないようです。可能性があるのは、『資財帳』に記された大安寺の本尊や繍仏と同じく、大官大寺のさらに前身の高市大寺（天武朝大官大寺）から、大官大寺（文武朝大官大寺）を経ずに直接、大安寺に持ち込まれたということです。大安寺から出土する凸面布目瓦と四重弧の軒平瓦が高市大寺の所在を知る手がかりのひとつになり、これらの瓦が出土する雷丘北方、ギヲ山西遺跡が高市大寺の候補地として有力視されるわけです。

## 単弁の軒丸瓦も出土。創建に続く時期のものか

大安寺の創建瓦とみられる平城宮系の軒瓦のうち、軒丸瓦のほうはかなり長期間使われ、范型が磨滅したもの、范型を彫り直したものがあります。范型を彫り直した軒丸瓦は、珠文の数や位置などは同じですが、文様をなぞって彫った時に蓮弁だけを彫ったので、もと

は複弁八弁だったのが、ばらばらになって単弁になり、単弁の十六弁になってしまっています。（107ページ①b）

大安寺から比較的多く出土する軒丸瓦のひとつに、蓮弁が短く、その先端が丸い単弁十二弁のものがあります（107ページ②）。この瓦は①bを模したものとみられ、中房は平城宮系の軒丸瓦と同じく、中心に一個、周囲に六個の蓮子があります。この瓦は、よく似た蓮弁をもつ小型の単弁八弁の軒丸瓦とともに、南大門付近から出土しています。南大門の建設は金堂、中門、回廊のあとになることから、大安寺の創建瓦に続く時期に使用された可能性が考えられています。小型の単弁八弁の軒丸瓦は築地塀に使用されたのかもしれません。

## 「大安寺式軒瓦」は八世紀中頃以降に僧房に

大安寺旧境内からもっとも多く出土する軒瓦は、中房の中心に一個、周囲に五個の蓮子をおく単弁十二弁の軒丸瓦と、牛の頭のような中心飾から唐草のツルが一連になって延びる軒平瓦の組み合わせです。この組み合わせが「大安寺式軒瓦」（107ページ③）と呼ばれ、大安寺創建に関わった道慈が新たに導入した大安寺の創建瓦だとする意見がこれまで有力でした。

しかしながら、奈良市埋蔵文化財調査センターの原田憲二郎さんの言うように、平城宮系の軒瓦の単弁化から単弁十二弁軒丸瓦の出現という流れからみると、「大安寺式軒瓦」は時期が下がり、大安寺の創建瓦とは言えないようです。

この「大安寺式軒瓦」の軒丸瓦の笵型もかなり長期間使われ、笵型が磨滅したもの、笵型を彫り直したものがあります。笵型を彫り直した軒丸瓦は笵型を彫り下げたため、蓮弁部が突出しています（107ページ③b）。こうした彫り直し後の瓦は塔跡から多く出土し、西塔（107ページ④）では、「大安寺式軒平瓦」の文様が退化した、奈良時代末とみられる軒平瓦が多く出土します。

また、「大安寺式軒瓦」は東大寺大仏殿周辺からも出土しています。東大寺の大仏殿は大仏開眼供養が行われた天平勝宝四年（七五二年）までに建設が終わっていたと考えられていますが、回廊は天平勝宝八年（七五六年）五月に聖武天皇が崩じたとき、翌年の忌日までに造り終えるように命じられています。正倉院文書によれば、造東大寺司は興福寺や四天王寺に瓦の生産を依頼していることが知られ、大安寺にも瓦製作の依頼があった可能性があり、「大安寺式軒瓦」はこの八世紀中頃・天平勝宝年間にその製作時期の一端を求めることができます。

天平十年（七三八年）頃には、塔を除いて大安寺の主要伽藍の建設はほぼ完了していた

のは変ですが）も出土しています。

そのほか、屋根の四隅に使う軒平瓦（ひとつの建物に四組しかありません）は、通常は斜めに割って作るのですが、大安寺では瓦の焼成以前に切って、反りもつけて特別に作っているものも出土しています。

## 焼土から唐三彩やガラスなど華やかな遺物

大安寺の講堂跡の南で、金堂跡との間、現在の大安寺小学校校庭の南東端には、平安時代に大安寺が火災に遭った際の焼土や残焼物を埋めた穴が、昭和四十一年（一九六六年）の発掘調査で見つかっています。東西八メートル、南北三・五メートル、深さ五〇センチほどのこの穴からは、約二〇〇片の唐三彩片（七世紀から八世紀に中国の唐で作られた釉薬を施した陶器片）が出土しています。

平成二十五年（二〇一三年）、小学校校舎の老朽化による解体に伴い再度、調査が行われました。この調査では細かな遺物も採取するため、穴の中の焼土ごと奈良市埋蔵文化財調査センターへ持ち帰りました。ボランティアで日常的にご支援いただいている「寧楽考古学倶楽部」の市民考古サポーターの方々に、土を洗浄していただいたところ、新たに八五点の唐三彩片が発見され、大安寺出土の唐三彩は約三〇〇点に及ぶこととなりました。

平城宮、平城京あわせても唐三彩の出土点数は十点もありません。日本全国に五〇か所ほど知られる唐三彩出土点数の約二倍の数で、大安寺から出土する唐三彩がいかに多いかがわかります。

## 出土する唐三彩のほとんどは陶枕

大安寺から出土している唐三彩は、そのほとんどが陶枕《とうちん》と呼ばれるものです。縦が約一〇センチ、横が一二〜一三センチ、高さが約六センチの箱型で、薄い粘土板を張りあわ

大安寺から出土した唐三彩陶枕

大安寺の金堂（講堂？）を飾った奈良三彩垂木《たるき》先瓦

せて作られ、中が空洞になっています。小さな四弁の花文様のスタンプを連続で押したもの、鴛鴦《おしどり》や宝相華文の大きなスタンプを押して文様をつけ、緑釉、褐色釉、透明釉で塗り分けたもの、また青い藍釉のものや、色の異なった土を練りあわせた絞胎《こうたい》のものもあります。

陶枕については、実用の枕とみる説だけでなく、写経などの際の腕枕、脈をとる際の医療用の腕枕、文鎮、器物の台など、さまざまな説があります。大安寺出土の陶枕は、個数にすると五〇個は越えるとみられますが、唐から大安寺になぜ陶枕ばかりがもたらされたのか、についてはわかっていません。

## 唐三彩の陶枕は金堂の遺物か

室町時代の『一代要記』という記録は、延喜十一年（九一一年）の五月十日に大安寺の講堂、僧房が火災で焼失したと伝えています。陶枕が出土する焼土は、この延喜十一年の講堂の火災に伴うものだと、昭和四十一年（一九六六年）の調査時点では考えられていました。僧房の火災について他には記録がなく、講堂の火災については寛仁元年（一〇一七年）に焼けたとする記録もあります。長保元年（九九九年）の藤原行成の記した日記『権記《ごんき》』には、大安寺は修造が行き届き「殊なる破損なし」とありますので、このときまでに再建された可能性はありますが、再建の記録は残っていません。

平成二十五年（二〇一三年）の調査では、この焼土の中に十一世紀の土器片が含まれていることがわかりました。焼土は延喜十一年（九一一年）のものではなく、大安寺がほとんど全焼したと多くの記録が伝える寛仁元年（一〇一七年）三月一日の火災に伴うものだと考えたほうがよいようです。焼土が寛仁元年のものとなると、唐三彩陶枕は講堂の遺物だと断定できないことになります。

焼土からは、軒先の垂木の端にとり付ける垂木先瓦《たるきさき》も出土します。こちらは国産の奈良三彩の垂木先瓦です。この三彩垂木先瓦は金堂の北辺、大安寺小学校の南側にある市道の下水道敷設工事に伴う調査でも出土しており、金堂のものである可能性があります。このことから、唐三彩陶枕もまた、金堂の遺物である可能性が出てきます。

## 唐三彩は遣唐使であった道慈によって大安寺へ

唐三彩が中国で盛んに作られた時期は、七世紀の後半から八世紀の前半までとされます。八世紀の後半、七五五年の安禄山の乱以降には、唐の国内が混乱し、唐三彩の技術は衰えたとみられています。

唐三彩の最盛期の中国と日本との関係を見ますと、遣唐使は、天智天皇八年（六六九年）

に派遣されて以降、約三十年間、派遣されていません。次の遣唐使は大宝二年（七〇二年）のことで、この遣唐使の中断期間に、中国では唐三彩が盛んに作られるようになったのです。

天智天皇八年の遣唐使のときにも唐には唐三彩が存在したでしょうが、天智天皇の時期の遣唐使というのは、六六三年の白村江の戦いの戦後処理、百済駐留中の唐軍との交渉のためのものとされていますし、七世紀に確実にわが国にもたらされた唐三彩というのも今のところありません。唐三彩がもたらされたのは、大宝二年派遣の遣唐使、あるいは養老元年（七一七年）派遣の遣唐使によってである可能性が高いとみられます。

大宝の遣唐使として渡唐し、養老の遣唐使とともに養老二年（七一八年）に帰国したのが、大安寺の僧、道慈です。大安寺からおびただしく出土する華やかな唐三彩は、この道慈によって唐からもたらされたと考えることが可能です。

## 道慈による大安寺造営と奈良三彩との関わり

大安寺の造営は、唐から戻った道慈が聖武天皇の勅を受け、工事を担当したことが知られています。おそらくは金堂のものと思われる大安寺の垂木先瓦は、わが国で作られた奈良三彩で、筆で文様が描かれています。これに対し唐三彩陶枕はスタンプで文様が型押しされているという違いはありますが、奈良三彩垂木先瓦の四弁の花文は、唐三彩陶枕の花文とも共通することが、奈良文化財研究所の神野恵さんによって指摘されており、唐三彩陶枕はわが国の奈良三彩を製作する上での見本とされた可能性があるようです。

三彩の釉薬は、ガラスと同じ成分です。釉薬とガラスが同じ原料で作られることを理解すれば、器物に塗るだけですので、製品を見れば、わが国でも比較的簡単に三彩陶器が製作できたと考えられます。唐三彩の器の形、型押しの技法、絞胎などが奈良三彩に存在しないのはそのためのようです。

八世紀の前半に奈良三彩の製作が可能になると、唐三彩の製品は必要とされず、日本にもたらされることはほとんどなくなったのではないでしょうか。奈良時代中頃を中心とする正倉院宝物には、奈良三彩があっても唐三彩がないことや、唐三彩の出土例が少ないのもこのためだと考えられます。

神亀六年（七二九年）の墓誌が出土した都祁《つげ》の小治田安万侶墓周辺で、奈良三彩の小壷が発見されていますが、これが我が国の三彩製作の確実な時期を示す資料とされます。しかし、周辺には他にも奈良時代の火葬墓が存在した可能性があり、この小壷が小治田安万侶墓に確実に伴うものとは言えません。道慈による天平元年（七二九年）〜天平十年（七三八年）の大安寺造営こそが、奈良三彩の確立と関わるのではないのでしょうか。

## 壁画や堂内荘厳に使用されたらしい遺物も

大安寺の焼土の話に戻りますが、焼土からは壁土とみられるものも出土しています。赤い色がついていたりしますので、壁画が存在した可能性があります。

『資財帳』により、金堂院の東西回廊と中門に、羅漢画像九十四躯をはじめとする画像が描かれていたことが知られていますので、焼土には回廊の焼土も含まれる可能性があります。像容の一部でも判明すればすごいことですが、残念ながら細片で、像容などはわかりません。

また焼土からは、半円形の土製品が発見されています。同様のものは南大門跡からも出土しています。金箔が部分的に残っており、両側を削って何かにはめ込んだようですから、須弥壇に施した連珠文など、堂内荘厳に使ったもののなのかもしれません。唐三彩陶枕が金堂にあったとすれば、こうした土製品とともに堂内荘厳に使用された可能性も考えてよいのかもしれません。

## さまざまな材質のガラスや金糸も焼土から発見

仏像の螺髪《らほつ》、塑像の螺髪なども焼土には含まれていました。平成二十五年（二〇一三年）の調査で土壌洗浄ができたおかげで、微細なガラス玉片も採集できました。奈良文化財研究所でこの成分分析をしていただくと、奈良時代には一般的な鉛ガラス（石英を溶かすために鉛を使うもので、三彩の釉薬も同じ成分）のガラス玉だけでなく、さまざまなガラスがあることがわかりました。

青い小さなビーズ玉のようなものはアルミナソーダガラス。アルミニウムが含まれるもので、インドや東南アジア原産のガラスとされています。また、ソーダガラスでもカリウムや酸化マグネシウムが少ないものは、ローマングラスと呼ばれるローマのガラスで、藍色、コバルトブルーのものです。少し青みを帯びた透明なガラスは、カリウムが多いもので、ササン朝ペルシャ起源のガラスだそうです。

こうしたガラス製品は、仏像の宝冠や瓔珞《ようらく》、天蓋などの堂内荘厳の一部とみられ、実にさまざまな材質のガラスが使われています。東大寺法華堂の不空羂索観音の宝冠のガラス玉も、ローマングラスやペルシャのガラスが使われていることが分析でわかっています。これは奈良時代になってわが国に持ち込まれたものではなく、それ以前に日本に持ち込まれたガラス玉などを材料にして再利用したと考えられており、大安寺の場合も同じであることがわかります。

さらに焼土の中からは、金糸が発見されました。金の糸です。

『資財帳』によると大安寺には「合繍佛像参帳」、つまり繍仏像が三帳あります。そのひとつは「高二丈二尺七寸、広二丈二尺四寸」という巨大な繍仏で、袁智《おち》天皇（皇極天皇）が作らせたものであり、『日本書紀』の白雉《はくち》元年（六五〇年）に「始めて丈六の繍佛・侠侍・八部等の三十六像を造る」、白雉二年（六五一年）の春三月「丈六の繍像等成りぬ」とある繍像に該当します。他の二帳はともに「高二丈、広一丈六尺」で一対のものとみられ、天平十四年（七四二年）に道慈と寺主の教義が作らせたものであることがわかります。さらに綴織《つづれおり》とされる織絨仏像一帳、浄御原天皇（天武天皇）のために皇后（持統天皇）、皇太子（草壁皇子）が作らせた繍菩薩像一帳もあり、金糸はこれらの繍佛などの仏画に用いられた可能性が考えられます。

第五部

# 道慈の大安寺改造

▲道慈像（大安寺蔵）

## 唐から帰国した道慈が大安寺造営に携わる

平城京における大安寺の建造は、道慈が聖武天皇の勅を受けて工事を担当しました。道慈の設計手腕がすぐれていて匠たちが感服したという記事が、『続日本紀』の天平十六年（七四四年）十月二日の道慈の死亡に伴う卒伝に記されています。

道慈は大和国添下郡の人で、額田《ぬかた》氏の出身でした。大安寺の造営と深い関わりのあるこの道慈が額田氏の出身であったので、鎌倉時代になって額田寺《ぬかたでら》（現在の額安寺）が、聖徳太子の羆凝精舎《くまごりしょうじゃ》だとされるようになったと考えられています。

先に、大安寺から出土する大量の唐三彩をもたらしたのが道慈ではないかと述べましたが、道慈は大宝二年（七〇二年）の遣唐使に従い、入唐して、長安の西明寺《さいめいじ》に止住し、唐の宮中で「仁王般若経」を講ずる高僧百人のなかに選ばれた大安寺僧です。養老二年（七一八年）に帰国したあと、養老三年（七一九年）に釈門の秀でたる者として食封を賜り、天平元年（七二九年）には、僧尼を管理する僧綱のひとりである律師に任じられています。

天平九年（七三七年）に道慈が大般若経の転読について、聖武天皇に言上《ごんじょう》したときのことも、『続日本記』に「道慈、天勅を奉けたまわりて、この大安寺に任《ま》けられて修め造りてより以来」と記されています。この言上は、大安寺伽藍を火災から守るために大般若経の転読をしたいとするもので、天平九年頃には大安寺造営が完成に近づいていたことと関わるのかもしれません。また、大安寺の前身の藤原京大官大寺が造営途中で火災にあったということもあって、この言上がなされたとも考えることができます。

『東大寺要録』に収められた「大安寺碑文」には、天平元年に道慈に「勅して、修営せしめた」とあります。平安時代の歴史書『扶桑略紀』には、道慈に「大寺の改造」（ここでは改造とされています）を命じたのは天平元年で、さらに「唐の西明寺の規模を持って成す」とあります。大安寺は道慈が止住した唐長安の西明寺を模して造られたものだと記されているのです。

平城京への大安寺の造営は霊亀二年（七一六年）に計画決定されていたのですが、養老二年（七一八年）に道慈が帰国し、天平元年（七二九年）に聖武天皇の命で道慈が大安寺造営に関わって修営・改造し、天平九年（七三七年）頃にはその工事が完成に近づいていていました。天平九年の道慈による大般若経の転読についての言上は、このために行われたと考えられます。これは天平十年（七三八年）頃から大安寺の寺号が現われてくることとも矛盾しません。

霊亀二年から進められていた大安寺の造営計画は、唐から帰国した道慈が造営工事に携わることにより、なんらかの変更が加えられた、ということは確かなようです。

## 大安寺伽藍は大官大寺伽藍をもとにした

道慈による大安寺造営の話の続きですが、ここでまた、少し難解な奈良時代の尺度についてとりあげます。

大宝令では尺度に大尺（高麗《こま》尺）と小尺（唐尺）があり、大尺は測地、つまり地面を測るのに用い、小尺の一・二倍の長さがあります。「天平尺」とも呼ばれる小尺が二九・五〜二九・六センチですので、大尺は三五・四〜三五・五センチということになります。しかし和銅六年（七一三年）に尺度は、唐尺と同じ小尺に統一されます。

大安寺の僧房の南端（中門の棟通り）から、北の中房の北辺までは、小尺で六四五尺あります。文武朝大官大寺（以下、大官大寺と言う）の南回廊南辺から北回廊の南辺までは六四六尺で、一尺違うだけです。大官大寺北回廊の北辺までだと、小尺で六六〇尺、これを大尺に直すと、五五〇尺という非常にキリのよい数字になり、大官大寺回廊の南北は、大尺五五〇尺で設計されたとみることができます。そこから、南へ小尺三〇尺、大尺だと二五尺のところが、大安寺の北中房の棟通り、さらに七二小尺、六〇大尺のところに、北太房の棟通りが位置します。

大安寺の伽藍配置は、大尺で設計された大官大寺の伽藍をもとに配置されている可能性があります。

## 地割があり建物の長さが決められ、柱間が半端な数字に

大安寺の東西僧房の南列の長さは『資財帳』によれば、二七丈四尺五寸、つまり二七四・五尺（以下、「尺」の場合は小尺）という半端な長さです。大官大寺の南回廊南辺から、金堂両脇の回廊までは二七五尺で、五寸しか違いません。これも大尺に直しますと二三〇尺に近く、まず二三〇大尺の地割があって、そこに合わせて、小尺で建物を建てた

ようです。

東西太房の場合は一三尺の柱間のところが二間、回廊からの軒廊がつながっている二か所を廊下の梁間一三尺に合わせ、その他のところを一八間で割って柱間にしているとみられます。発掘調査で確認されている太房の桁行の柱間は一三・八尺という端数のついた寸法で、これは、まず建物の長さが決まっており、それを間数で等分した結果だと考えることができます。

中房も同じ長さで二七丈四尺五寸となっていますが、この場合は二一間あります。柱間は発掘調査で一三尺と認識していますが、実際は一三・〇七尺ということだと思います。

大安寺伽藍の設計は、大官大寺伽藍の地割を基にした建物の長さの制約があって、それに合わせるために端数のある柱間寸法が生じたと考えることができます。

大安寺の中門両脇の南回廊の長さは一〇〇尺あります。大官大寺のこの部分は二〇〇尺ですので、大官大寺の半分です。ここも回廊の曲がるところは一三尺二間ですので、残りを五間で割って、十四・八尺という端数のついた柱間になっています。大官大寺の二分の一、一〇〇尺という長さに制約を受け、一四・八尺という柱間寸法を使って処理しているわけです。大官大寺の東西幅ですと四八〇尺、大尺なら四〇〇尺という回廊は、回廊内に大塔をつくるために必要でした。大安寺の場合は、塔を別院に建てることにし、回廊を半分にして、金堂前の必要な儀式空間を確保したということだと考えられます。

また、大官大寺の東西回廊の東端と西端は、大安寺の東西太房と中房の間に位置し、ここから三六尺、大尺だと三〇尺の位置に太房と中房の棟通りが位置しており、大官大寺の東西回廊位置を基準に、大安寺の東西僧房位置が設計された可能性が高いように思われます。

### ●大官大寺伽藍と大安寺伽藍

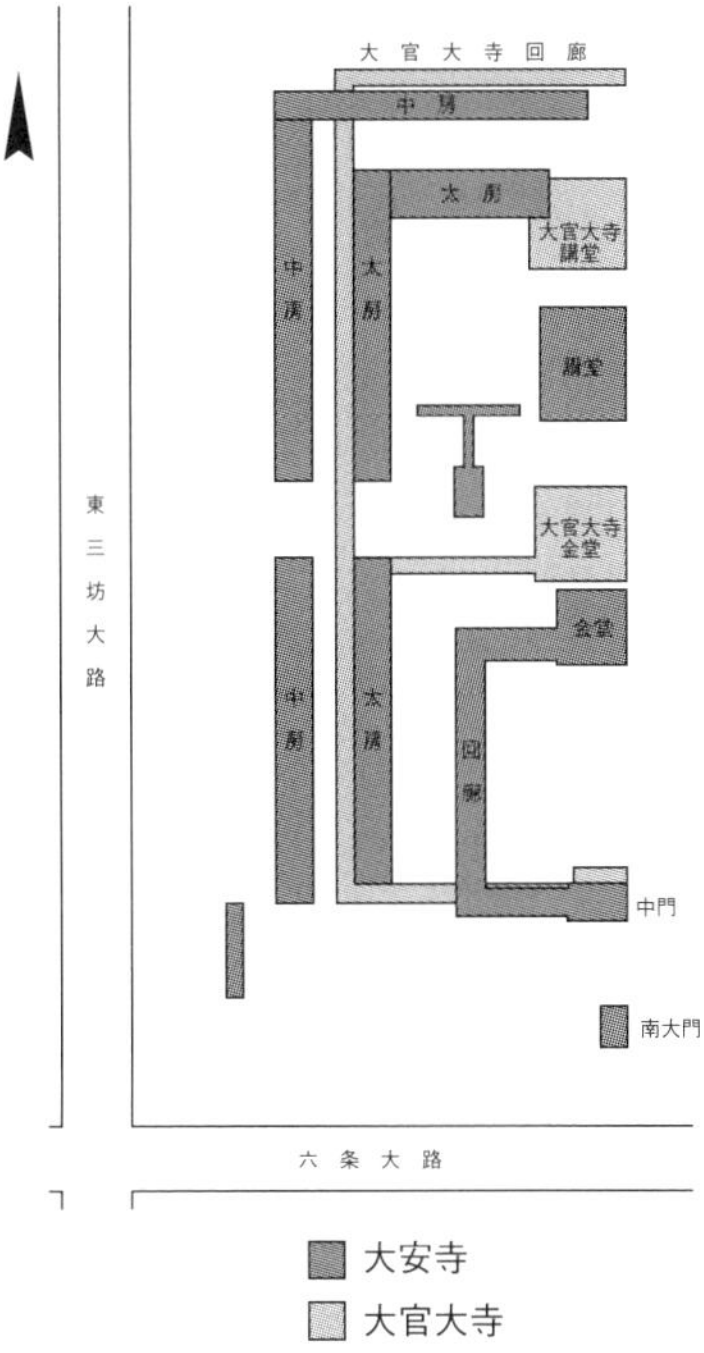

## 端数を持つ柱間こそが道慈による計画変更

このように大安寺の伽藍は、大官大寺の伽藍計画を基に設計されているといえます。大尺による大官大寺伽藍造営計画を変更したために、その制約を受け、一四・八尺や一三・八尺といった柱間が生じたとみられます。大安寺伽藍の特徴のひとつである端数を持つ柱間の使用こそが、計画変更の証です。

道慈の大安寺の改造・修造とは、大官大寺伽藍を大安寺伽藍に変更したことと考えてよいと思います。『続日本紀』の記す匠たちが感嘆した道慈の手腕というのは、地割や資材の制約を一四・八尺や一三・八尺といった端数をもつ柱間を使用することで矛盾なく解決し、伽藍を改変したことだと考えてよいでしょう。

大安寺の当初造営計画が大官大寺のプランであるなら、平城薬師寺が藤原京でのプランとほとんど同じ伽藍として造営されていることも理解しやすくなります。また、大安寺の寺地が薬師寺と同じく、北限が五条大路までであれば、大官大寺伽藍なら塔もすべて左京六条四坊に納めることが可能で、『続日本紀』の霊亀二年（七一六年）の記事が「六条四坊に移し建つ」とするのみで、塔院である七条四坊に触れていないことも理解できます。七条四坊の塔院四町は当初は大安寺の寺地ではなく、道慈の設計変更で大安寺の寺地に加えられたとみられます。

## 多数の僧侶の養成をめざした道慈の理想

大安寺の塔は奈良時代の後半から末頃に建てられていることが、発掘調査でわかっています。発掘調査でわかったことは他にもあります。天平十九年（七四七年）の『資財帳』に記されていない西北中房や小子房造営は、『資財帳』以後に造営されたとみられ、『資財帳』では桧皮葺とされる僧房は、奈良時代の後半には瓦葺になったと考えられます。これらのことから、大安寺では塔の建設よりも、まず僧房の整備を優先したことがわかります。

僧房の整備を優先したのは、国家鎮護を担う僧侶の能力を高め、多数の僧侶を養成することが重要課題となっていたためです。多数の優秀な僧侶を養成するために道慈は、大塔中心の大官大寺の伽藍を、長大な僧房をもつ大安寺伽藍に改めたのだと考えられます。

中国帰りの道慈にとっては、大塔を金堂前に建てるような七世紀の伽藍配置は、時代遅れの虚説であると映ったのではないでしょうか。道慈の卒伝には、道慈が「日本の仏教は唐のあり方と大いに違う」ということを主張したとしています。

「全《また》く大唐《だいたう》の道俗《だうぞく》の伝ふる聖教《しゃうけう》の法則《ほふそく》に異なり。若《も》し経典《きゃうてん》に順はば能《よ》く国土を護《まも》らむ。如《も》し憲章《けんしゃう》に違《たが》はば人民《にんみん》に利あらず。一国《いちこく》の仏法万家修善《ぶつほふまんけしゅぜん》せば何ぞ虚設《こせち》を用《もち》ゐむ。

豈慎《あにつつし》まざらめや」といふ。弟子の業《ごふ》を伝ふる者、今に絶えず。属《このごろ》大安寺を平城《なら》に遷《うつ》し造るに、法師に勅《みことのり》してその事を勾当《くたう》せしめたまふ。法師尤《もと》も工巧《こうかう》に妙《たへ》なり。構作形製《こうさくけいせい》、皆その規模《きも》を稟《う》く。有《あ》らゆる匠手《しやうしゆ》、歎服《たんふく》せぬは莫《な》し。卒《しゅつ》する時、年《とし》七十有余。（『続日本紀』道慈卒伝）

中国の西安には大雁塔や小雁塔といった唐代の塔が現存していますが、あのような塔は寺院の別院にあります。大塔は唐に倣《なら》って別院に建て、多数の僧侶を止住させ養成するための僧房を充実させる。これが道慈の大寺改造だと考えられます。

大塔を建てることよりも重要なことは、僧侶の質の向上を図ることであり、僧侶の修行と養成が国土を守るということであり、そのためには僧房が充実した寺院が必要ということになります。こうした大安寺のあり方を『扶桑略紀』は「唐の西明寺に倣う」と記したのだと思います。

平城遷都に伴い霊亀二年（七一六年）に平城京左京六条四坊に当初計画されたのは、藤原京で工事中に焼失した大官大寺と同じ伽藍とみられます。おそらくは道慈が大安寺造営工事に関わる天平初年頃までには、地割りが行われ、造営資材も、大官大寺伽藍に合わせて準備が進んでいたのではないでしょうか。こうした段階で道慈が造営工事に携わることになったため、大安寺伽藍は大官大寺伽藍計画の制約を受けながらも、回廊や僧房にみられる端数を持つ柱間の使用で、大塔を建てるための長大な回廊は、多数の僧侶が止住可能な長大な僧房に改められたのです。『続日本紀』にある、匠たちが感服した道慈の設計手腕とは、このことだと考えられます。

## 大安寺は僧侶養成・修学機関。講師に外国人僧も

道慈は養老の遣唐使とともに帰国したのですが、次に派遣された天平の遣唐使の目的のひとつは、戒師の招聘でした。普照と栄叡が派遣され、これが鑑真の渡日につながっていきます。

天平の遣唐使の帰国に伴い来日したのが、インド僧の菩提僊那《ぼだいせんな》、ベトナム僧の仏哲《ぶってつ》、唐僧の道璿《どうせん》などです。彼ら外国僧たちは大安寺に止住しています。いわば、僧侶養成のための外国人講師です。新羅から華厳経を学んで帰国した審祥《しんしょう》も、大安寺に止住しており、大安寺が僧侶の養成機関や修学施設であったことは、このようなことからも裏付けることができます。

同じ大寺でも右京の薬師寺は、全国の僧侶を管理監督する僧綱所が置かれて、天皇擁護を薬師如来に祈願するといった目的で建てられたとみられます。それに対して奈良時代の

国家の筆頭の大寺である大安寺は、王宮と国家を擁護・祈願するだけでなく、国家鎮護を担う僧侶の能力を高めるという機能も持つ寺であったといってよいでしょう。

## 山林修行を好み験力を得た道慈

道慈は竹渓《つげ》山寺に住んだと伝えられています。この寺の場所は、都祁《つげ》の都介野岳《つげのだけ》の南中腹に推定されています。詩文集の『懐風藻』に「性甚だ骨鯁《こっこう》にして、時のために容れられず　任を解いて帰りて、山野に遊ぶ　時に京師《けいし》に出でて、大安寺を造る　年七十餘なり」とあるように、道慈は当時の仏教界に批判的で、俗世間から離れ、ときどき都に出てきて大安寺を造ったとされています。竹渓山寺に住み、長屋王が宴席に呼んでも、「僧は既に方外の士、何ぞ煩わしく宴宮に入らん」と詩文で断ったと伝わっています。

道慈の詩文の中には「石を枕にして巌中に臥す、杖を策《ひ》いて峻嶺に登る」といった句があり、道慈は山林修行を好んだことが知られています。道慈はまた、「虚空蔵求聞持法《こくうぞうぐもんじほう》」という行法を日本に伝えたとされています。この虚空蔵求聞持法というのは弘法大師（空海）が行った行法として有名ですが、山林や山岳で修行して、記憶力を増進させるという修行法です。これを道慈が唐から伝え、大安寺の善議《ぜんぎ》、勤操《ごんそう》、空海へと伝えられたとされています。

神叡《しんえい》という僧は、養老三年（七一九年）に道慈とともにその徳を賞されて食封《じきふ》五〇戸を賜り、天平元年（七二九年）に少僧都に任じられますが、吉野の比蘇寺《ひそてら》（現光寺）に庵を結び二十年間、三蔵を学んで「自然智《じねんち》」を得、芳野僧都《よしのそうず》と呼ばれたと伝えられています。この自然智を得るための修行が、虚空蔵求聞持法であるともされています。

神叡は飛鳥寺（元興寺）の僧とされ、比蘇寺は神叡、尊応《そんおう》、勝悟《しょうご》、護命《ごみょう》と続く元興寺僧の虚空蔵求聞持法の修行地であったとされます。天平の遣唐使で来日し、大安寺に住んだ唐僧の道璿《どうせん》もまた、吉野の比蘇山寺《ひそやまでら》に隠居したと伝えられています。元興寺の護命は「白月は山に入り、黒月は寺に帰る」という修行を実践したと伝えられており、大淀町比曽にその寺院跡が残る比蘇寺は、都の官寺の僧侶たちの山林修行センターのようなものであったことがわかります。（白月は、陰暦で新月の一日から満月の十五日まで、黒月は満月から新月までの一五日間のこと。）

## 山で神仏から力を与えられた修行僧が病を治す

古代の仏教は、都にある官の大寺で完結するものでなく、俗に交わらず禅行修道を行う山林修行が重要な構成要素となっていました。都の大寺の僧侶には、俗地とは隔絶した山林・山岳での修行が不可欠であったのです。このため道慈も、奈良時代の都の官寺に属しながら、一方で山房をもっていました。道慈の山房は竹渓山寺であったようです。

律令の僧尼令では「禅行修道ありて、意に寂に静ならむことをねがひ、俗に交わらずして、山居《せんきょ》を求めて服餌《ぶくに》せむと欲《ねが》わば、三綱連署せよ」と、僧尼の山林修行についての手続きの規定があります。「山居のつけらむ国郡、毎《つね》に在る山知れ。別に他処に向かふことを得じ」としているのは、こうした山林修行、山林仏教が、仏教の民間伝道につながり、国家仏教から離れて「衆庶を詐誘《いつわりあざむく》」という反国家的行為につながりかねない危険性があったためです。山中での厭魅呪詛《えんみじゅそ》も恐れられ、禁制が加えられていたのも、僧尼が山林修行で得る絶大な力への期待と表裏だとみられます。

このような俗界とは交わらない静かな地で行われる瞑想、座禅、写経などの山林修行が、仏教修行として適しているのは言うまでもありません。わが国では古来、山岳は尊い神霊の鎮まる地として崇敬畏怖され、俗人がみだりに立ち入る場ではないとされていましたが、この神仏の居所に近づき、神仏の力を得ようとした求法者たちが、諸国の霊山に登頂、開山していったのもまた、飛鳥・奈良時代のことです。背景には、道教的な神仙思想の影響もあるようです。

修験道の開祖とされる役小角《えんのおづぬ》（役行者《えんのぎょうじゃ》）は、こうした山林修行を行う求法者を象徴化した人物と考えられます。吉野の大峰山脈においても、金峯《きんぷ》（かねのみたけ）の山上とされる山上ヶ岳（標高一七一九ｍ）や、仏教世界の中心に聳《そび》える須弥山《しゅみせん》にたとえられる弥山《みせん》（標高一八九五ｍ）の山頂付近では、八世紀の遺物の散布が確認でき、奈良時代には確実に登頂されていることが確認できます。

山に入り、神仏に近づき、修行者が神仏から与えられた力、修行の験《しるし》が験力《げんりき》であり、具体的には体力・精神力の鍛錬や、薬草、鉱物などの知識ということになるかと思いますが、天皇や貴族たちも現実的な効果としてこうした力を期待したのだと考えられます。神仏の世界である山で修行し、神仏から験力を与えられたお坊さんに祈祷してもらい、薬を与えられれば、治らない病など当時としては、無かったかと思われます。

奈良時代の高僧として知られる行基、玄昉、道鏡、良弁なども山林修行者であって、玄昉、道鏡、良弁は奈良時代の宮廷の看病禅師として重用されています。平安時代以降、山で修行して験力を得た人が「修験」、「山伏」と呼ばれるようになっていきますが、僧尼を管理監督する僧綱の立場にあった僧正の義淵《ぎいん》、少僧都の神叡、律師の道慈もまた、こうした山林・山岳での修行を好む山林修行者の一人でもあったのです。

# 第六部　大塔建立とその後

▲大安寺所蔵、大塔の復元模型

## 中心伽藍の地区と同じ広大な塔院

塔を別院に建てるという道慈の伽藍設計についてお話しましたが、ここではその塔について詳しく見ていきましょう。

天平十九年（七四七年）の大安寺の『資財帳』には「四坊塔院」と記されており、塔院の広さが四町であることはわかりますが、塔の建物の大きさについての記述はありません。これは天平十九年には塔がまだできていないということだと考えられます。

六条大路を隔てた左京七条四坊には、大安寺の東西両塔の土壇が残されており、西塔跡には心礎が残っています。塔院は東西二町、南北二町あります。東三坊大路の一町東の小路中心、これが大安寺伽藍の中軸線になりますが、この中軸線から小尺で二二五尺ずつの距離に、東西の塔跡の中心があり、東塔と西塔は一町、すなわち四五〇尺離れて存在することになります。

しかしながら、発掘調査の結果で確認されている距離は一三四・七九mです。これは小尺の四五〇尺よりも長く、小尺の一・二倍の大尺にすると、三八〇尺になります。また南北位置は、南大門の中心から塔跡の中心までが、大尺ならば四六五尺となり、六条大路芯から北九〇大尺に南大門があるとみれば、六条大路芯から塔の中心までは南へ三七五大尺（四五〇小尺）と、キリのいい整数値となります。このことから、塔の位置は大尺で測地されていることをうかがうことができます。

塔院は四町ですので、約六万四千平方メートル。金堂などがある中心伽藍地区と同じ広さで、左京三条二坊の長屋王邸と同じ広さがあります。

## 塔院に鎮座する八幡神社は、石清水八幡の根本

この塔院には現在、八幡神社があります。八幡神社は石清水八幡宮とも呼ばれます。大同二年（八〇七年）、大安寺の僧の行教が唐留学からの帰途、九州の宇佐八幡を勧請し、

大安寺の守護神として石清水坊に祀ったのが起こりとされます。

石清水坊は大安寺僧房の東室第七院と伝えられ、現在の御霊神社あたりとされています。御霊神社は明治時代までは石清水社とも呼ばれ、石清水の井戸というものも伝わっています。平安時代に、この石清水房の八幡を東塔の北に移したのが、現在の八幡神社で、平安時代末、十二世紀の大江親通の『七大寺巡礼私記』では、すでに石清水社は東塔の北にあるとされています。

また、この大安寺の石清水社は神託によって、貞観元年（八五九年）に京都の男山へ勧請されたといい、このことから大安寺八幡神社は「元石清水八幡」、つまり男山八幡宮の根本だと言われたりもしています。

神社の中門は室町時代に遡る古材が使用されており、奈良市指定文化財となっています。神社の祭祀に携わる宮座は、古くは左座と右座からなります。左座は八幡神が宇佐から勧請されたときに供奉した仲氏の子孫とされる武野氏、中野氏、市川氏、右座は八幡神を奉迎した坂井氏の子孫とされる酒井氏、大西氏によって構成されることになっていたと伝えられています。

## 古くから史蹟として保護された塔跡

大安寺の塔跡は、田圃の中に土壇として残されていました。発掘調査以前は西塔が竹藪になっており、東塔は畑になっていました。西塔の中央には、大きな心礎がひとつ地上に残っていました。西塔跡の土壇は高さ約一メートル、東西が約三三メートル、南北が約三五メートルあって、東北と西南が耕作で少し削られていました。西塔の基壇と東塔の基壇は、古く大正十年（一九二一年）に国の史蹟に指定されています。

大官大寺のところで少し触れましたが、日本の場合、こうした遺跡が法律によって保護されるようになったのは新しく、二〇世紀に入ってからのことです。明治三十年（一八九七年）に「古社寺保存法」という法律ができたのですが、この法律は社寺の建物や宝物類、つまり「特ニ歴史ノ証徴又ハ美術ノ模範」であるものを「特別保護建造物」や「国宝」に指定して保護するもので、対象が建造物や仏像などの美術工芸にとどまっていました。お寺の跡であるとか、古墳であるとか、そういうものは長らく、法律による保護の対象にはなっていなかったのです。明治以後の日本は近代化が進み、それに伴って、今まで残されていた古墳や寺跡の遺跡が破壊されたり、景勝地の景観が壊されたり、貴重な動植物の保護にも影響が生じるに至ったため、大正八年（一九一九年）になってやっと、「史蹟名勝

●大安寺西塔の遺跡

史蹟標石と塔心礎

西塔跡発掘調査全景（南から）

西塔基壇西北隅

西塔の跡に残る心礎
（中央に割ろうとしたクサビ孔がある）

火災で崩落した西塔の瓦

天然紀念物保護法」という法律ができます。この法律で保護の対象となった遺跡が「史蹟」、景勝地が「名勝」、自然の動植物が「天然紀念物」です（現在の文化財保護法で使われている「史跡」や「天然記念物」という表記とは、漢字が異なっています）。

大安寺塔跡は、「史蹟名勝天然紀念物保護法」という法律が制定された二年後、最初に国の史蹟に指定されたわけです。寺院跡としては、大官大寺跡、本薬師寺跡《もとやくしじ》が同じく大正十年（一九二一年）に史蹟に指定されており、同年、知足院の奈良八重櫻も天然紀念物に指定されています。なお、平城宮阯《へいじょうきゅうし》が史蹟に、奈良公園が名勝に指定されるのは、大正十一年（一九二二年）のことになります。

ただし、大正十年に史蹟になったのは、塔跡の土壇の部分だけです。この当時の認識では、遺跡とは、地上に残る土壇や礎石、墳丘のある古墳など、地上に残された目で見えるものに限られていました。地下に埋まっている瓦や土器や木簡などの遺物が、地下に残る柱穴、溝、井戸などの遺構と関連性をもっている考古学的な遺跡であるとは、まだ認識されてはいませんでした。

平城宮阯も同様で、木簡の出土など考古学的な遺跡の価値が判明したのは戦後のことです。明治時代に関野貞博士が、「大黒の芝」と呼ばれていた土壇が大極殿の基壇で、「十二堂の芝」と言われる土壇が、朝堂院の基壇であることを指摘しました。それまで、現在の東の大極殿・朝堂院地区が平城宮の遺跡として認識されていたため、この保存が棚田嘉十郎らによって進められ、史蹟指定以前の大正三年（一九一四年）に敷設された大阪電気軌道（近鉄の前身）もこの部分は避けたのですが、現在、考古学的な遺跡である「平城宮跡」の中を横切っている形になってしまっているのは、このためです。

また、寺跡などでは建物跡の土壇だけでなく、残された礎石も重要です。しかし明治時代には、大官大寺のように寺跡の礎石は単なる石材と見られており、東大寺の東塔の礎石なども、塔跡の南西にある西南戦争の慰霊碑の基礎に使われたりしています。大正や昭和になると、「伽藍石《がらんせき》」と呼ばれて、踏分石などの庭石としての需要が高まり、大和の寺跡の礎石は由緒もあって、阪神間の富豪の邸宅に売り払われるといったことも、寺跡の史蹟の指定が急がれた理由のひとつだったようです。

## 大安寺の礎石のほとんどは郡山城の石材に

大安寺の西塔の中心には、塔の心礎がひとつだけ残っています。直径二・六メートルほどもある巨石で、材質は花崗岩。奈良市東部の花崗岩とみられています。厚さは七〇センチほどあります。（142ページに写真）

上面には直径一・二メートルくらいの円形の柱座を作り出し、中央に出枘《でほぞ》があります。

この心礎には石を割ろうとした矢の跡、つまり楔の穴が九か所、開けられています。矢穴を開け、矢と呼ばれる楔を入れて上から敲くと、楔が広がり、石の目に沿って割れるわけです。このように矢穴を開けて石を割るやり方は、今のところ鎌倉時代になってからだとされており、古代に石材がどのように割られたのかは、矢穴の跡が残されたものがないためよくわかっていません。

四角い矢穴が残る石材はお城の石垣などによく見ることができます。西塔の矢穴も四角いことから、安土桃山時代から江戸時代初期に開けられたとみられています。発掘調査ではこの心礎の周囲から、十六世紀末から十七世紀初めの遺物が出土します。心礎に残る矢の跡もこの時期のものとみられ、郡山城の築城のときに割って石材にしようとした可能性が高いようです。江戸時代の奈良奉行所与力の手控え『庁中漫録《ちょうちゅうまんろく》』には「天正年中、国主、家臣ら寺物《じもつ》を侵掠《しんりょう》。或は壇石を取る」と記されており、大安寺の礎石はこの時期に運び出されたとみられるものが多く、塔跡の他の礎石も、そのほとんどは郡山城へ持って行かれた可能性が高いと考えられます。

## 伝説によって守られた西塔の心礎

大安寺の塔跡の矢穴については伝説があります。石工が割ろうとしたときに血が噴き出し、割ろうとした石工は熱を出して死んでしまった、それで割ることができなかった、というものです。そのため、この石には絶対に手をつけてはならないと言い伝えられています。このような伝説で塔跡の心礎石は守られ、今に残されたといえます。

法律によって古墳や遺跡の保護が図られる以前は、伝説で守られてきたことが多いのです。あの塚を掘ったら腹痛が起きるとか、土を取ってはいけない、立ち入ってもいかん、祟《たた》りがあるとか、そういう伝説で遺跡が守られてきたことも事実で、伝説は歴史的なものを守るひとつの手だてであったのかもしれません。昔の人が作り出した、ものに対する畏敬が、怖れや祟りといった伝説を生み出したとみられます。

明治から大正という近代になり、近代の学校教育を受けた合理的な人間が増えると、こうした話は迷信と軽視され、怖れも薄れていき、お金になるのなら売り払おう、土壇も削りとって田圃にしようといった考えが出てくるのです。すると法律をつくって、罰則も定め、守らねばならなくなったのですが、大安寺の心礎がこれまで長く守られてきたのは、そもそも人々がその大きさに素朴な驚きを持ったからではないでしょうか。

大安寺の塔には他にもいろいろな伝説があります。たとえば、大安寺の塔は金の九輪を持つ大きな塔で、その九輪の輝きは山を越え、堺の浦まで届き、輝く光は海を照らし、そのために堺では魚が捕れなくなった。そこで、堺の漁師たちが大安寺に押しかけ、塔に火をつけて焼いてしまったというものです。大安寺の塔の荘厳さを物語る話といえます。

また大安寺には重要文化財に指定された奈良時代の木彫仏九躯が伝えられていますが、これについての伝説もあります。江戸時代、無住の観音堂にあった仏像が売り払われそうになったとき、どこからともなく一人の老人が現れ「仏を売るな、売るならば、わしを殺せ」と動かなかったので、仏像を売り払うのはとり止めになったというものです。

このような伝説や信仰で、遺跡や文化財が守られてきたのですが、信仰が薄れ、世知辛い近代になると、法律で守らなければならなくなったのです。

## 発掘調査からわかる西塔の姿と歴史

西塔の発掘調査は、塔跡の整備に伴い、平成十三年（二〇〇一年）から平成十七年（二〇〇五年）に奈良市の埋蔵文化財調査センターが行いました。

塔の基壇である土壇の上面は三〇センチくらい削られており、心礎以外の礎石はすべて抜きとられ、心礎の周囲には、礎石を抜きとった穴と礎石を据えつけるための根石が残っていました。南北四列、東西四列ですので、十六か所の礎石の抜きとり穴が残っています。この穴を埋めた土から、十六世紀末から十七世紀初めの焼物片などが出土していますので、礎石がこの頃に抜きとられたことがわかります。

心礎の周りにある四つの穴が四天柱の位置で、さらにその外側に側柱《がわばしら》の四つの穴がありますので、三間であったことがわかります。塔の建物の一辺は、礎石抜きとり穴の中心で測ると一二メートルですので、一辺四〇尺の三間の塔とみられます。

礎石が残されていませんので柱間寸法はなかなか出しにくいのですが、扉がある中央の間がやや広くて四メートル少し、つまり十四尺、両脇が十三尺とみられます。また、基壇上には礎石の抜きとり穴の間に小さな柱穴が検出されましたが、これらは塔の建設の際の足場穴と考えられます。

西塔の心礎は柱座を作り出し、中心に出枘《でほぞ》があります。七世紀の塔心礎には、仏舎利を納める舎利孔を彫ったものがあり、心柱の下だけでなく、礎石の横に穴を開けているものもありますが、大安寺西塔の心礎にはこうした舎利孔はありません。

右京の薬師寺は西塔の心礎に舎利孔があり、解体修理中の東塔にはどうやら舎利孔はないようです。薬師寺の場合、藤原京の本薬師寺《もとやくしじ》跡では、西塔の心礎が出枘、東塔の心礎に舎利孔があります。大安寺の場合、東塔に舎利孔があった可能性もありますが、奈良時代になると心礎に舎利を納めるといったやり方ではなくて、心柱に納める、あるいは塔上の伏鉢のところに納めるといった方法をとったのかもしれません。

基壇の大きさは、一辺二一メートル。奈良時代の尺度ですと、七十尺になります。心礎の柱座下辺を基壇上面とすると、基壇の元の高さは一・八メートルで、六尺ほどあったようです。

基壇の盛土は、暗褐色の土と黄色い土を三センチの厚さに交互に突き固めた版築《はんちく》です。上、中、下の三層に分けて築いたようで、下層がいちばん固く突き固められており、中層には礫などが入り、上層はやや柔らかめになっています。また、この基壇の版築土からは和同開珎が出土しています。興福寺南円堂の基壇でも同じように版築土から銭貨が出土しており、地鎮のために銭貨を撒いて基壇を突き固めた可能性が考えられます。

塔の基壇の四方の中央には階段がついています。階段の幅は四・八メートルですから十六尺。階段の出は一・五メートルですから五尺あり、段数は五、六段以上の急な石段であったようです。塔の中に人が入ることはほとんどないわけで、塔の階段や扉は装飾のようなものですから、急な階段でもよかったわけです。この階段の部分も、本体の基壇と同じく版築です。ひと回り大きな土壇を作り、あとで削って階段部分を造り出しています。

## 基壇の外装には二上山の凝灰岩を使用

塔の基壇の外装は、凝灰岩切石を積みあげた壇上積基壇です。延石《のべいし》の上に地覆石《じふくいし》を置き、羽目石《はめいし》、束石《つかいし》を立て、その上に葛石《かずらいし》を載せます。基壇の上部は削られ、基壇外装の石材も抜きとられているため、葛石や基壇上面の敷石などは残っていません。羽目石や束石もほとんど残っていません。

凝灰岩は煉石《ねりいし》、捏《つく》ね石と呼ばれることがあります。江戸時代の地誌『大和志』に大安寺村の名産に「石凍幹（子リイシ井ツツ）」があると記されていますが、これは埴（土）を煉って石としたものとしますが、「煉石」が大安寺の名産であったことがわかります。田圃の下に埋まる膨大な大安寺伽藍の凝灰岩が掘り出され、江戸時代の大安寺村の名産になっていたのかもしれません。

大安寺の基壇外装はすべて二上山周辺から取れる凝灰岩です（薬師寺では延石がなく、地覆

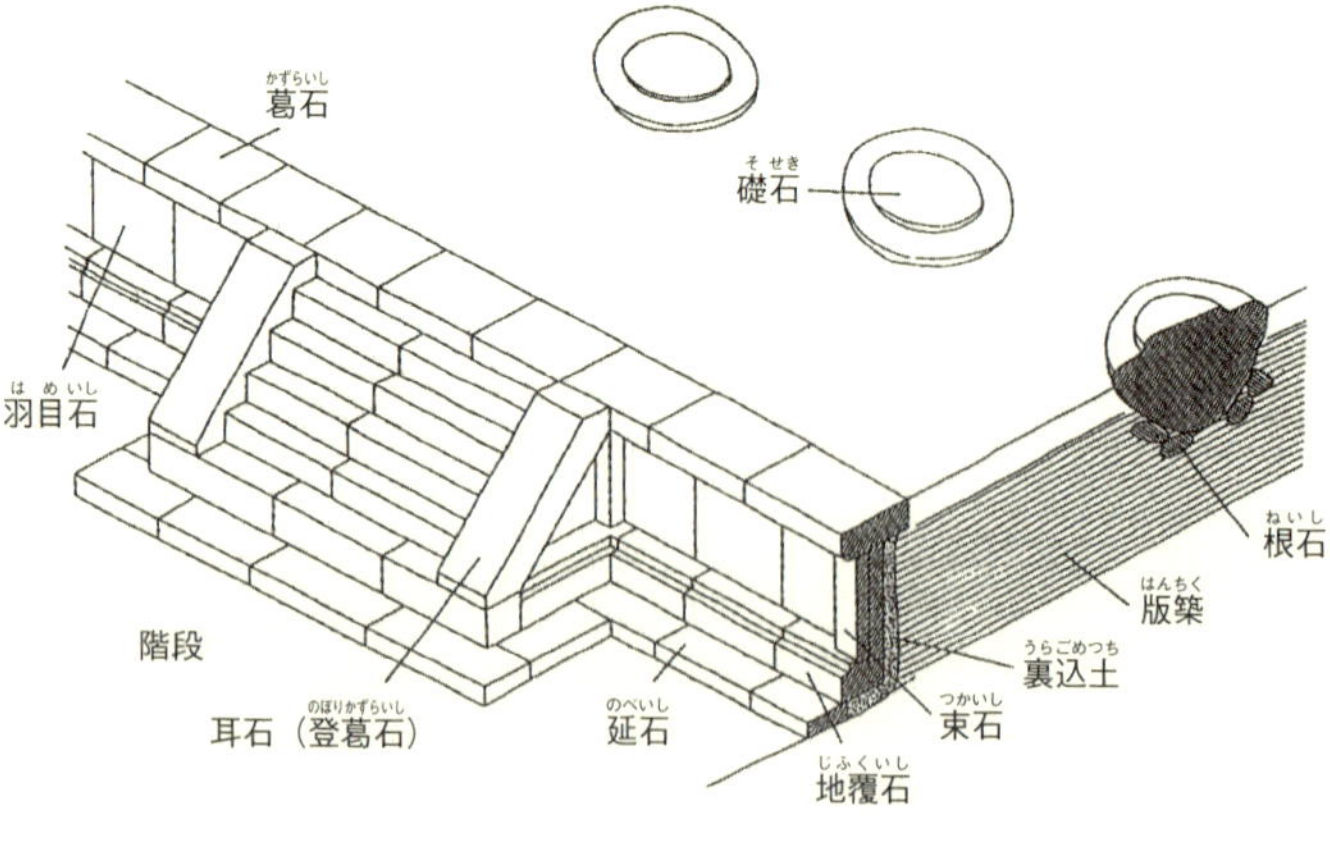


壇上積基壇模式図

石に花崗岩を使うという古いやり方をとっています）。

西塔の基壇周囲は南側が耕作で削られていますが、階段部分では西面の階段がいちばんよく残っていました。最下段に延石があり、地覆石が階段の一段目になり、その端には斜めの耳石が前に滑りださないように枘穴が彫られています。東面は延石が連なり、一部に地覆石が残っています。北側も延石がよく残り、地覆石が残る部分もあります。地覆石の外側は段状に作り、内側も羽目石と組み合わせるように一段低く彫り下げられ、束石が立つ部分は外へ出っ張っています。凝灰岩は軟らかい石ですので、風雨にさらされ、角の部分などは磨滅しています。延石や地覆石の長さにはばらつきがありますが、延石は長さ一メートルほどで幅が四〇センチくらい、厚さが一五センチほど。地覆石は長さ一・一メートルほどで幅四〇センチ、高さ三五センチくらいの石材です。

## 西塔は火災で焼失。しかも火災は二度あった

西塔の基壇の周辺には焼けた瓦が厚く堆積しており、西塔は火災で焼失したことがわかります。西塔の土壇が三〇メートルを越える大きさがあったのは、この膨大な瓦の堆積によるものでした。

発掘調査を進めると、焼けた瓦の層は二層あって、最下層の焼土からは瓦とともに、塔

にとり付けられた風鐸《ふうたく》や相輪部の水煙片とみられる塗金した青銅製品が出土しました。土層の堆積を観察すると、この最下層の焼土の上には黄色いきれいな土があり、一度、別の場所から土を運んできて、整地されていることがわかりました。そしてその整地土の上に、また大量の焼瓦が堆積しています。すなわち、大安寺の西塔の火災は二度あったということです。最初の火災のあと、焼けた瓦などを埋め立てたのですが、整地したあとに塔は全焼したということだと考えられます。

大安寺の西塔については、平安時代の『日本紀略』には天暦三年（九四九年）十一月十一日に「去夜　大安寺為雷火焼亡」とあって、落雷によって焼失したことがわかり、その後は再建されていません。『三代実録』には貞観十八年（八七六年）七月十八日に「是日　大安寺塔震動」とあり、落雷したようですが、この塔が東西どちらの塔なのか、また被害の程度も明らかではありません。

一度目の火災の焼土には、二度目よりも瓦の量が少なく、塔の先端にある相輪部の破片が含まれていたというような発掘調査の結果から、次のようなことがわかります。

相輪に落雷し、塔の上層部が焼けたが、なんとか火は消え、全焼をまぬがれた。火災後、塔の周辺に土を入れてきれいに埋め立てた。ところが再度の落雷で、西塔は全焼したのです。貞観十八年の落雷が西塔のことであれば、発掘結果とうまく合致します。

塔の周囲に堆積している瓦を取り除くと、基壇の周囲には幅一メートル、深さ一〇センチ程度のくぼみがあり、灰色の砂がたまっています。これが雨落溝とみられます。また、基壇から約五メートル離れて、幅一・二〜一・五メートル、深さ二〇センチ程度の溝が基壇を取り囲んでおり、その間には小さな柱穴が規則的にあって、これらは建築用の足場穴とみられます。

## 西塔跡から出土した相輪金具

西塔周辺の焼土の最下層からは、風鐸が出土しました。風鐸とは軒先などに取り付ける飾りで、音が鳴り、一種の魔除けでもあったと考えられます。自然界に無い音をたて、建物を守るということだと思われますが、大きさが三〇センチくらいの完全な形のものが二個体、発掘調査で出土しています。そのほか、復元すると四五センチから五五センチの大型の風鐸になると思われる破片もありました。いずれも青銅製で、塗金された金銅風鐸です。

青銅は銅と錫の合金ですが、少し鉛を含んでおり、成分分析すると東大寺の国宝八角燈籠と同じく、国産の銅を使っているようです。小型のものは無文ですが、大型のものには袈《け》裟《さ》襷《だすき》文がついており、上部には乳《にゅう》もついています。大型の風鐸は軒先につるし、小型の風鐸は相輪部の九輪に取り付けられたと考えられます。九輪の輪のそれぞれに四個取り付けられていれば、計三六個あったことになりますが、二個体しか出土していません。金属製品は貴重ですから、落下後に回収されたのだとみられます。

また水煙の破片も出土していますが、破片で一メートルくらいの大きさがあり、復元すると三メートル近い大きさの水煙になるだろうと思います。

## 相輪に落雷して火災に

大安寺の塔が七層であったことは、平安時代の保延六年（一一四〇年）の『七大寺巡礼私記』に、当時残っていた東塔について「七重瓦葺」と記されていることからわかります。

さて、どれくらいの高さがあったのかということは、同じく七重塔である東大寺の塔の記録から推測することができます。東大寺の塔については二十三丈（約六九メートル）、露盤（相輪部）が高さ八丈八尺二寸（約二六メートル）とする記録があって、総高九五メートルの高さとみる説がありますが、この高さは構造的にも不可能で、高さ七〇メートル程度の塔と最近は考えられています。大安寺の塔も、高くても同じくらいだと思われます。

つまり大安寺の塔は、総高七〇メートルで、相輪部分が一九～二〇メートル、水煙が二～三メートルくらいかと思います。

金属製の相輪部も巨大ですが、これに落雷して破片が落下しました。明治初年に興福寺五重塔を焼いて金属品だけ回収しようとしたという話が伝わっているように、金属製品は貴重ですから、落下した相輪部の破片のほとんどは再利用するために回収されたとみられ、

西塔跡の発掘で出土した水煙片（上）と風鐸（下）

そして瓦の下に埋もれたほんの一部だけが発掘調査で発見されたのだと思います。

## 西塔の建立は奈良時代末

大安寺の西塔の建立年代は、文献に記載がなく、明らかではありません。西塔跡から出土する軒丸瓦は複弁八弁で、中房には「大安寺式」と同じく梅花状に六個の蓮子がありますが、蓮弁は盛り上がった複弁の上に二枚の子葉を表しています。周囲の連珠文はまばらで、木型がくずれ、蓮弁がハート形や楕円形になり、連珠文が車のスポークのようになってしまっているものもあります。（107ページ④）

この瓦は、大安寺の北にある不退寺（平安時代初期に創建）近くの平城京東三坊大路東側溝からも出土しており、文様のあり方からも奈良時代末から平安時代初頭に位置づけられているものです。また、軒平瓦のほうは「大安寺式」の系統ですが、牛頭状の中心飾がくずれ、唐草も太く、「大安寺式」ではツルから離れていた支葉も、すべてツルに着けた一連のものになっており、これも奈良時代末頃のものとみられています。

西塔からもっとも多く出土する瓦はこのように奈良時代末頃の瓦であり、西塔の創建は八世紀末～九世紀初頭まで下がるとみられています。

## 東塔の焼失は鎌倉時代

西塔に続いて東塔でも、平成十八年（二〇〇六年）に基壇周辺の発掘調査が行われました。平成二十一年（二〇〇九年）と二十二年（二〇一〇年）にも発掘調査を行っていますが、遺跡の保存のこともあって、西塔のような全面的な発掘は行っていません。発掘調査は解剖と同じで、遺跡を解体しながら調査しますので、いちど掘ってしまうと元にはもどせません。遺跡の保存のためには、掘らずに将来に残すことも必要です。また、現在の調査技術ではわからないことも、将来、技術の発展によって新しくわかることも出てくるかもしれません。こうしたことから東塔の遺跡は、塔の規模の確認調査にとどめています。

東塔と西塔との間の距離は一三四・七九メートルであり、これは小尺の四五〇尺よりも長く、大尺にすると三八〇尺です。大安寺の中軸線から一九〇大尺の位置に塔は配置されたとみられます。この位置は四町ある塔院の南北二分の一、東西は四分の一よりやや外側に位置します。

東塔跡を発掘しますと、現在の田圃の耕土から一五センチくらい下に厚さ二〇センチ程度の炭混じりの焼土があり、鎌倉時代の瓦が入っています。これが、東塔が焼けたときの焼土とみられます。『和漢春秋暦』によれば、大安寺の東塔は永仁四年（一二九六年）に

●東塔の発掘調査

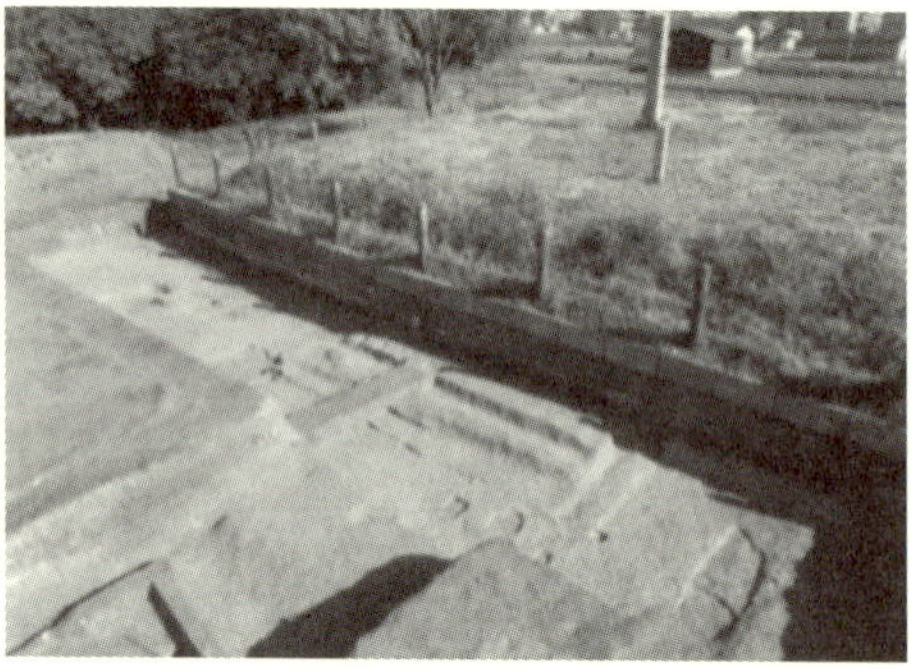

基壇の西辺

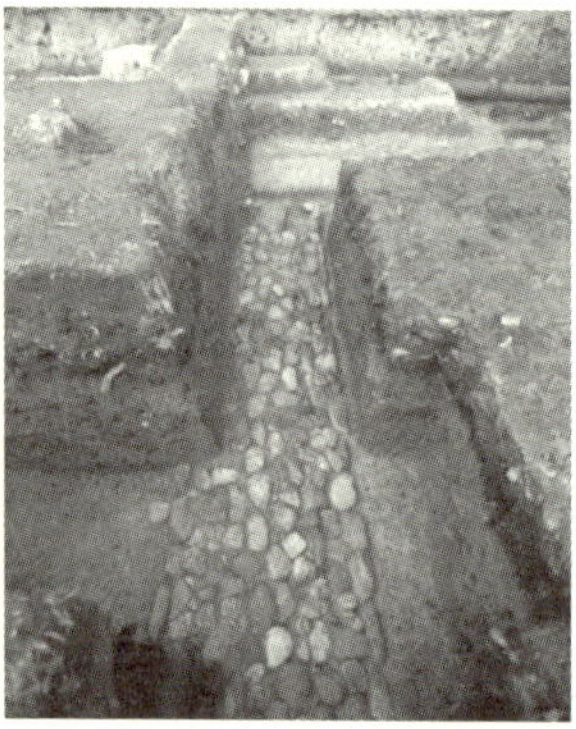

鎌倉時代に設けられた東塔の石敷南参道

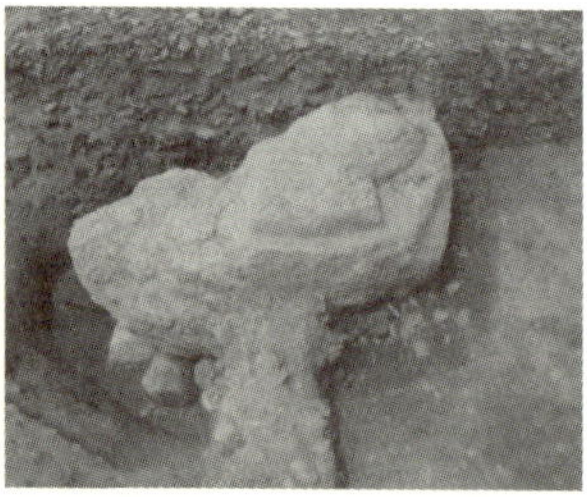

発掘で再発見された東塔の礎石

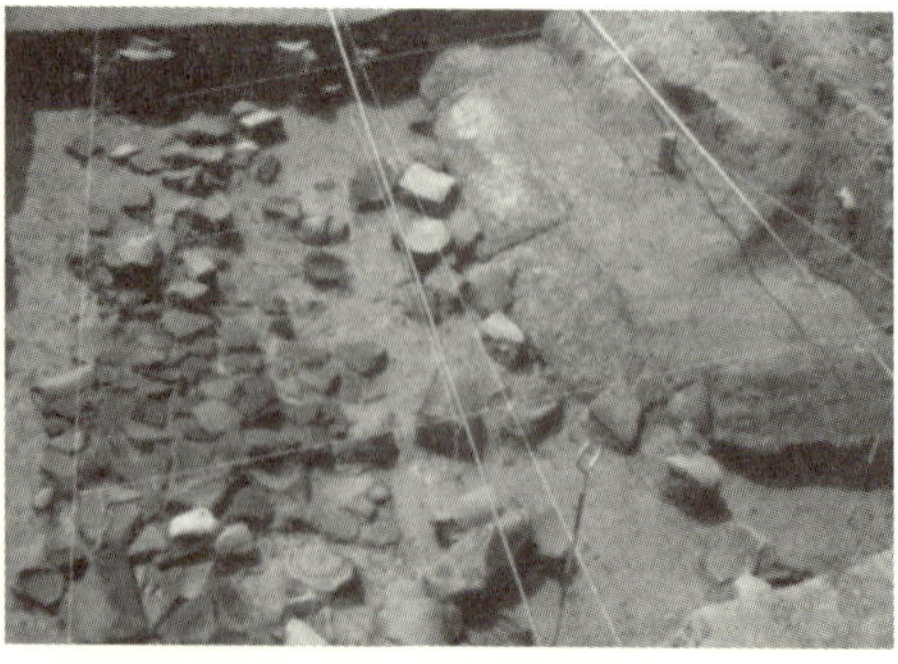

基壇の東辺

雷火によって焼失したとされています。それを裏付ける史料はないのですが、東塔からは室町時代以降の瓦はほとんど出土しておらず、鎌倉時代に東塔が焼失したことは確かなようです。

## 東塔の規模、礎石の抜きとり時期も西塔と同じ

東塔の基壇規模も西塔と同じく一辺が二一メートル（七〇尺）です。心礎を含めて礎石はほとんど抜きとられていましたが、南列の西から二つ目の柱位置の一か所だけ、割られた礎石が残っていました。一メートル×二メートルほどの石で、厚さも一メートルほどあり、根石の上に据えられています。この礎石は花崗岩製で、西南部が割りとられていましたが、上面には柱座と東側の地覆座が残っていました。

東塔の礎石の抜きとり穴から十七世紀前半の土器が出土しており、礎石の抜きとり時期は、西塔と同時期とみられます。また、塔の基壇上面に敷かれていたとみられる一辺五六センチ、厚さ一二センチの正方形の凝灰岩切石が抜きとり穴から出土し、塔の基壇上面は凝灰岩敷石を四半敷《しはんじき》に敷いていた可能性がうかがえます。残された礎石の上面柱座基底から基壇底部までは一・八メートルで、壇は西塔と同じく六尺の高さで造られていることがわかります。

礎石抜きとり穴の中心で測ると、中央間が十四尺、両端が十三尺で三間、東塔も西塔と同規模です。大安寺旧境内は、地形が東から西へ低くなっており、塔が建てられた地盤は東塔の方が一メートルほど高くなっています。西塔の基壇はすべて版築で造られていますが、東塔の場合は、基壇の下部は自然地形を削り出し、その上に版築しています。寺院の造営は、建物を建設するだけでなく、こうした寺地の造成、基盤造成もたいへんな工事で、興福寺の場合などは丘陵を削っていますし、中金堂《ちゅうこんどう》の基壇などは、すべて自然地形を削り出して造られています。

## 東塔の建立の時期は？

東塔跡からたくさん出土する瓦はいわゆる「大安寺式軒瓦」で、中房に六個の蓮子を置く単弁十二弁の軒丸瓦と、牛の頭のような中心飾から唐草のツルが一連になって延びる軒平瓦の組み合わせです。軒丸瓦は范型を彫り直し、范型を彫り下げたため、蓮弁部が突出し、蓮弁も磨滅したものが東塔では多く出土しています。（162ページ③）

西塔跡から出土するのは、奈良時代末から平安時代初頭に位置づけられるハート形花弁の複弁八弁の軒丸瓦や、唐草の支葉がすべてツルに接続する「大安寺式」系統の軒平瓦です（162ページ①の下）。これらも東塔跡から出土していますが、数が多いのは「大安寺式軒瓦」の磨滅したものです。

軒丸瓦は范型を彫り直して以後のものが、東塔の創建瓦だと考えられます。「大安寺式軒瓦」が奈良時代中頃以降の瓦と考えられることは先に述べましたが、出土瓦から判断して、東塔は「大安寺式軒瓦」が作られてからしばらくたった、奈良時代後期に建立されたとみられます。

天平十九年（七四七年）の『資財帳』には、塔院の広さの記載はあっても、塔の記載がありませんので、塔はまだできていなかったことがわかります。『続日本紀』の天平神護二年（七六六年）十二月二十八日に「震　大安寺東塔」の記事があって、東塔に落雷していることがわかり、この頃までに建築が進んでいたとみられます。

翌年の天平神護三年（七六七年）三月九日に称徳天皇が大安寺に行幸し、造寺大工の軽《かる》間連《まのむらじ》鳥麻呂《とりまろ》に外従五位下《げじゅごいげ》の位を与えていますが、称徳天皇の大安寺への行幸と造寺大工への叙位は、大安寺に何か重要な出来事があったことを示すとみられ、この年に東塔が完成したと考えることもできます。

大安寺が平安時代に受けた大きな災害、寛仁元年（一〇一七年）の火災については、藤原道長の日記『御堂関白記』に「遺《のこ》る所なく今夜焼亡」とありますが、『日本紀略』には「釈

## ●大安寺式軒瓦の変化と鎌倉時代の軒瓦

①

天平勝宝年間
（750 年代・東大寺回廊に使用）。
僧房所用瓦？
「大安寺式軒瓦」

②

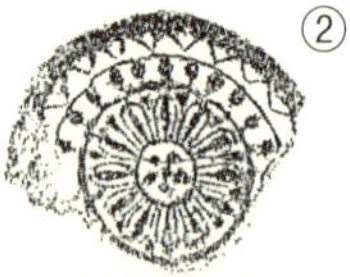

文様をなぞり、
笵型を彫り直す

③

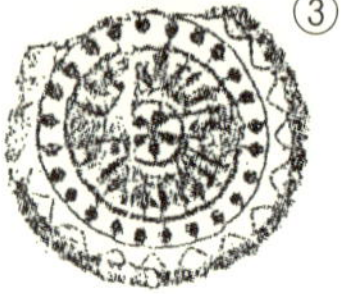

笵型の磨滅。
東塔所用瓦

①の軒平瓦の文様を模倣

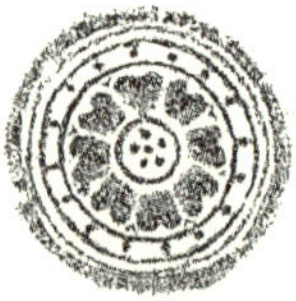

西塔所用瓦
（宝亀〜延暦？）

④

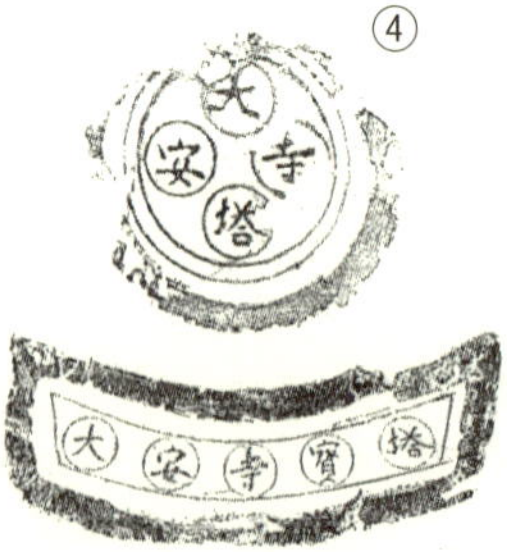

鎌倉時代（建長五年頃）
の東塔修理瓦

⑤

鎌倉時代（文永三年頃）の
大安寺修理瓦

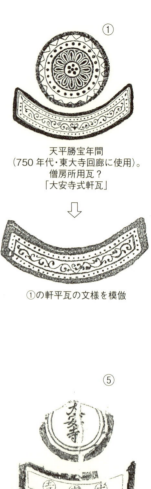

迦如来一躰その火難を免《まぬが》る」と記され、『扶桑略記』には「遺《のこ》るところ塔婆なり」とあります。西塔はこれ以前の天暦三年（九四九年）に焼失していますので、焼けずに残った塔は東塔のことになります。東塔だけが残り、難を免れたとみられます。

『東大寺要録』では永祚元年（九八九年）八月十三日に大風が吹き、東大寺では南大門、大鐘、大仏殿北門が倒れ、大安寺の塔の露盤が落ちたことが記されていますが、これも東塔のことだとみられています。

## 東塔は鎌倉時代に修理される

東塔跡からは、鎌倉時代の瓦も多く出土しています。東塔の基壇の東側では、基壇から約三・七メートルと約七・四メートル離れたところで二条の並行する溝が見つかっています。この溝は河原石を敷いた礫石敷の溝で、この溝の間に築地塀があり、溝はその雨落溝とみられます。こうした溝は塔の北側や西側にもあり、東塔の周囲には一辺約三五メートルの築地塀が巡らされていたと考えることができます。

また、塔の南階段中央からは、南へ延びる参道とみられる幅八〇センチの礫石敷きが長さ十四メートルにわたって見つかりました。（158ページ写真）この石敷きの下からは九世紀後半の土器が出土しましたので、これらの施設は東塔創建時のものではなく、あとにつけ加えられたものであることがわかります。

鎌倉時代に大安寺では東大寺の僧、宗性《そうしょう》が別当《べっとう》を勤め、大安寺の修理を行ったことが知られています。宗性は東大寺の学僧で、旧仏教の復興に努めた人物です。東大寺には宗性の学識の高さをよく示す自筆の著作が数多く残されています。宗性は二度、大安寺別当を勤めていますが、大安寺の破損が著しいことにかねてから心中嘆思していました。

最初、建長五年（一二五三年）に宗性が大安寺別当に任じられたときには、東塔の修理を行っています。文永三年（一二六六年）に再度、大安寺別当に任じられたときには、任期中に、南大門を修造し、金堂の瓦を葺き替え、東西南の大垣（築地塀）を築き、宝塔四方大垣を築いたとされています。宝塔とは東塔のことであり、東塔周囲の築地塀は宗性が造ったもので、塔の南参道もこのときに付け加えられたと考えてよいようです。

東塔跡から出土する鎌倉時代の軒瓦には二種類あります。ひとつは軒丸瓦に「大安寺塔」、軒平瓦に「大安寺寶塔」という文字をいれたもの（162ページ図④）。もうひとつは軒丸瓦、軒平瓦のいずれにも「大安寺」だけの文字を入れたものです（同図⑤）。瓦に文字を入れたものとしては、東大寺の鎌倉時代の再建時に「東大寺大佛殿」という文字を入れた瓦が使われたことがよく知られており、鎌倉時代以降、奈良の寺でよく使われるようになります。

大安寺の場合、「大安寺塔」「大安寺寶塔」と建物名まで入っていますので、建長五年に宗性が大安寺別当になって修理したときの東塔専用の瓦だと考えることができます。「大安寺」だけの文字瓦は、文永三年に再び別当となった宗性が行った大安寺南大門、金堂、築地塀の修理と、塔四周の築地に用いた瓦だと考えることができます。

## 大塔こそが大寺の象徴

大安寺の塔は、七層の塔で、高さが七〇メートル程度はあったとみられますが、東西両塔とも落雷による火災で灰燼に帰したようです。避雷針もない時代、塔の上には金属製の相輪がのっているわけですから、落雷は避けられません。

興福寺五重塔は二度、落雷で焼失していますし、東大寺の西塔も平安時代に雷火で焼失したとみられ、鎌倉時代に再建された東大寺東塔も南北朝時代に雷火で焼失してしまっています。奈良の寺院では唐招提寺が創建以来、江戸時代まで火災をほとんど受けておらず、平安時代初めの弘仁年間（八一〇〜八二四年）に建てられたとみられる五重塔も江戸時代まであったのですが、享和二年（一八〇二年）六月十一日午後、雨が激しく降る夕立の中、二重目に落雷して炎上、惜しくも焼失しました。また、元興寺の五重塔も創建時のものが江戸時代までありましたが、これは落雷ではなく、安政六年（一八五九年）二月二八日、焚火の火のついた木端《こっぱ》が煽られ、塔の屋根に落ちて火がついたと伝えられています。たまたま元興寺の塔は瓦を外して修理を行っているときで、下の野地板がむきだしになっていて、これに火が燃え移り、あれよ、あれよと言っている間に塔が燃え出し、風がなかったので蝋燭が燃えるように塔が燃え落ちたと伝えられています。

塔のような高い建物にいちど火がつくと、手のつけようがありません。周辺への被害の拡大を防ぐのが精一杯ということになります。大安寺は七重塔であった西塔を平安時代前期、同じく七重塔であった東塔を鎌倉時代後期に失ってしまいます。

大安寺の前身、百済大寺《くだらのおおてら》とみられる吉備池廃寺の塔については前に述べましたが、この塔の基壇は一辺三二メートルで、方七間、九重塔とされます。また、大官大寺の塔は五間の塔で、柱間が一〇尺ですので、塔の建物は一辺五〇尺（一五メートル）あります。基壇は、基壇外装を行う前に火災にあっていますが、土壇は一辺三二メートルあり、一辺八〇尺（二四メートル）程度の基壇計画だったとみられます。

そして大安寺の塔は三間で七重塔、一辺は四十尺（一二メートル）、基壇は一辺が七〇尺（二一メートル）ですから、時代とともに小さくなっているということになります。百済大寺や大官大寺の九重塔というのは、構造的にやはり無理があったのかもしれません。

しかしながら、他の寺々の塔の基壇の大きさは、飛鳥寺が一二メートル、法隆寺が一三・八メートル、本薬師寺の塔は平城薬師寺と同じで一四・二メートルです。これらと比べると、吉備池廃寺、大官大寺、大安寺の塔がいかに大きいかということがおわかりいただけると思います。

これは、大王の寺、すなわち「大寺」の大塔の伝統を受け継いでいるということです。一辺二〇メートルを越える基壇を持つ巨大な塔の存在こそが、王家の寺である大安寺の一つの象徴と考えていいのだろうと思います。大塔こそは百済大寺以来の伝統であったのです。

## 光仁・桓武天皇と大安寺

出土する瓦から大安寺の東塔は奈良時代後期、西塔の方はそれより遅れて奈良時代末、光仁天皇や桓武天皇の時代に造営されたとみられます。

光仁天皇は、聖武天皇の娘である称徳天皇が崩御したあとに即位した天皇で、父は天智天皇の皇子である施基《しき》親王（志貴皇子《しきのみこ》）です。独身の女帝であった称徳天皇に後継者はなく、崩御によって天武天皇の嫡流はとだえますが、妃が聖武天皇の皇女の井上内親王であった光仁天皇が即位したと考えられています。ここで、王統が天武系から天智系にかわるわけです。

大安寺の本尊が、天智天皇が造立した丈六乾漆の釈迦三尊であることは『資財帳』からも知られています。また大安寺の根源である百済大寺は、舒明天皇の発願によるものですが、舒明天皇は天智天皇の父親ですから、天智系の王統においても始祖となる方です。こうしたことと、光仁・桓武朝に西塔が建てられ、大安寺が完成することとは、けっして無関係のようには思えません。

また、光仁天皇の皇子で桓武天皇の同母弟である早良親王は、出家して大安寺の寺内東院皇子大禅師と呼ばれたことが知られています。「東院」や「東院器」と記された墨書土器の出土から、奈良時代の末には主要伽藍の東側にこの東院の存在が推定可能です。延暦元年（七八二年）の光仁天皇の一周忌の斎会は大安寺で行われており、桓武天皇の母である高野新笠の一周忌も、延暦九年（七九〇年）にやはり大安寺で行われています。光仁天皇や桓武天皇にとっても、舒明天皇の発願によるものであり天智天皇造立の本尊をもつ大安寺こそが、王家の寺であったのです。

大安寺に現在伝わる奈良時代の仏像九躰は、いずれも奈良時代末の「大安寺様式」と呼ばれる木彫仏です。また現在、興福寺北円堂に伝わる四天王像が、修理銘に延暦十年（七九一年）造立の大安寺像とあることも、光仁天皇や桓武天皇の時期に大安寺が重要視され、造仏も盛んに行われたことと関わっているように思われます。

大安寺讃仰殿（宝物殿）の仏像

多聞天像

楊柳観音立像

## 平安京の東寺・西寺の伽藍配置は大安寺に類似

大安寺の寺内東院の皇子大禅師と呼ばれた早良親王は、天応元年（七八一年）、兄・桓武天皇の即位とともに立太子したのですが、延暦四年（七八五年）に藤原種継暗殺事件に関わった疑いで皇太子を廃され、乙訓寺に幽閉されました。無実を訴えるために絶食し、淡路国に配流の途中で憤死します。その後、桓武天皇周辺で起こる出来事は早良親王の祟りとされたため、延暦十九年（八〇〇年）、早良親王は崇道天皇と追号され、山陵も淡路から大和に移されることとなります。

種継の暗殺事件に早良親王が関与していたかどうかは不明です。しかし、東大寺では修理別当の実忠が「親王禅師」（早良親王）の教示を受けたと伝えられていますし、東大寺や大安寺など平城京の大寺と深い関係があった皇太子早良親王は、桓武天皇の反対勢力に担がれかねない立場にありました。早良親王が即位した場合は、都が平城に戻りかねない危険性があると判断され、早良親王が排除されることにつながったのではないでしょうか。

桓武天皇は、奈良時代に仏教が政治に関与したため、平城京の仏教寺院の影響力を嫌い、寺院は奈良に残して、都を長岡京、平安京に移したと言われていますが、桓武天皇は最澄や空海の保護者でもあり、平安京には、王城鎮護のために東寺と西寺を左右対称に造営しています。このあり方は藤原京右京の薬師寺、左京の大官大寺、あるいは平城京右京の薬師寺、左京の大安寺のあり方を踏襲し、それを整えたものとも考えられます。

東寺と西寺の伽藍配置は、塔の位置を除けばほとんど同じです。その東寺と西寺の伽藍配置を、平城京の大寺の伽藍配置と比べた場合、いちばんよく類似しているのが大安寺の伽藍配置だという指摘もあります。大安寺伽藍の東西僧房の南列を取り除くと、確かに東寺や西寺の伽藍によく似ています。

## 西寺の勤操、東寺の空海、いずれも大安寺の関係者

この時期、大安寺には勤操《ごんそう》がいました。勤操は大安寺の善議に三論を学び、延暦十五年（七九六年）に高円山麓の石淵寺で法華八講（石淵八講《いわぶちはっこう》）を創始し、石淵僧正とも称されます。弘仁四年（八一三年）に伝燈大法師位《でんとうだいほっしい》で律師に任命され、西寺の別当となり、天長三年（八二六年）には大僧都《だいそうず》に任じられ、翌年に西寺の北院にて入寂し、勅により僧正を贈られています。また、勤操は東寺の別当でもあったとされ、一説には、空海は勤操を師として和泉国槇尾山寺で出家したといい、空海に求聞持法の行法を授けたのも勤操で、空海の渡唐の実現にも尽力したとされます。大安寺の伽藍と、東寺と西寺の伽藍の類似には、勤操との関わりがあるのではないでしょうか。

東寺は、弘仁十四年（八二三年）に太政官符によって空海に下賜され、東寺が真言密教

の道場となります。空海は二十五か条の『御遺告』で、道慈を「わが祖師」と称し、勤操を「わが大師」と呼び、「大安寺を以て本寺となし釈迦大士に仕え奉るべし」としています。天長六年（八二九年）、空海は大安寺の別当に任じられたとも伝えられており、空海が若き日、大安寺で修行したのは事実のようです。

空海は佐伯氏出身です。佐伯今毛人《いまえみし》が佐伯氏の氏寺として宝亀七年（七七六年）に起工したとみられる佐伯院（香積寺）が平城京左京五条六坊にあり、その建立にあたっては、その北に接してあった大安寺の薗地を購入して境内地に組み込んでいます。その後も佐伯院と大安寺との間に何らかの関係があり、このあたりに空海と大安寺との接点が何かあったと推定することも可能ですが、これはもう小説の世界で、これ以上、想像の翼を広げるのはやめておきたいと思います。

ただ、平安京において西寺の勤操、東寺の空海、そのいずれもが大安寺の関係者であったことは注目されてよく、ここにも光仁・桓武天皇以来の王家の寺、大安寺重視が反映されているのかもしれません。

## 平安時代以降の災厄と大安寺の衰退

平安時代の九世紀には宇佐八幡が勧請されて、八幡宮ができ、貞観元年（八五九年）には「唐院」もつくられたとされますが、その所在地や遺跡についてはいまだ明らかではありません。『三代実録』の貞観十八年（八七六年）の大安寺塔震動というのは、西塔への最初の落雷と考えられるところです。

平安時代に入って大安寺の最初の災害については、延喜十一年（九一一年）の「大安寺講堂、三百（面？）坊百二十五間焼く」という室町時代の記録があるのですが、ほかにこの火災について記したものがなく、これだけでは信じ難いといわざるを得ません。延喜年間には東大寺の講堂、三面僧房が同じく焼失しており、東大寺のことと誤ったという可能性も考えてよいのではないかと思います。

天暦三年（九四九年）には、落雷によって西塔が焼失し、永祚元年（九八九年）の台風で、東塔の相輪部が落下してしまいます。西塔は失われていたものの、長保元年（九九九年）の藤原行成の日記『権記《ごんき》』には、大安寺は修造が行き届き、「殊なる破損なし」とされています。

大安寺が奈良時代に造営された伽藍のほとんどを失ったのは、寛仁元年（一〇一七年）

の火災です。大江親通が平安時代末期に南都七大寺などを巡礼した際の見聞記である『七大寺巡礼私記』には、「西塔并びに講堂、食堂、宝蔵、経蔵、鐘楼等、凡そ廿余院地を払って焼亡す。ただし尺（釈）迦像并びに大師造るところの本尊は僅かに舁《か》き出し奉る」と記されています。西塔がこのときに焼けたとありますが、これは誤りです。また、焼失したとする建物のなかに金堂が含まれていませんが、金堂がこのときに焼失したのは確実で、本尊の釈迦如来のみが運び出されて救われたとみられます。

大安寺の本尊は丈六の釈迦如来で、天智天皇の造立した釈迦三尊像ですが、これは乾漆像であったことが、天平十九年の『資財帳』からわかります。乾漆仏は麻布を漆で張り重ねたり、漆と木粉を練り合わせたものを盛り上げてつくっていますので、金銅仏や塑像と比べると軽く、火災の際に担ぎ出すことが可能だったようです。

『資財帳』によれば、大安寺金堂には、天智天皇造立の乾漆釈迦三尊像、四天王像のほかに、天平十四年（七四二年）に寺で造立した乾漆菩薩像、乾漆羅漢像（十大弟子）、乾漆八部衆像があり、立体的な霊山浄土が表現されていたことがわかります。しかし、本尊の釈迦如来一躰のみが救い出され、皇極（斉明）天皇らが作らせた巨大な繍仏や中門、回廊の壁画なども、この寛仁の火災で灰燼に帰してしまったのです。

## 百年の年月をかけて大安寺を再建

ただし大安寺は、この平安時代の大火で滅びたわけではありません。火災の翌年、寛仁二年（一〇一八年）十二月二十七日には、造大安寺長官以下が任命され、藤原実資《さねすけ》の日記『小右記』には、治安三年（一〇二三年）から万寿元年（一〇二四年）にかけて、たびたび大安寺の再建材や造寺料のことが記されています。

時代は藤原道長、頼通の摂関政治全盛期ですが、大安寺大伽藍の再建にはかなりの期間を要しました。長元八年（一〇三五年）には大安寺別当であった鴻助《こうじょ》に、金堂造立の功績によって法橋の位が与えられていますので、金堂はこの頃までに再建されたようです。長暦二年（一〇三八年）に造大安寺長官は廃止されています。

寛治四年（一〇九〇年）の官宣旨案では、金堂、中門、回廊、七間倉、九間倉、西大門、東大門、西面築垣四町などがすべて修造され、北面築垣三町、僧房がその後に新造されていることがわかりますが、講堂と南大門は造立し難いと記しています。藤原宗忠の『中右記』によると、講堂は承徳二年（一〇九八年）までに新造され、康和二年（一一〇〇年）に大安寺別当であった隆禅は大安寺修理の功績で法印に叙せられたとあります。さらに、鐘楼と経蔵は、その後に別当に任じられた永縁《ようえん》が再建し、永久四年（一一一六年）にその修造を賞せられています。

こうして大安寺の再建には、寛仁の火災からおよそ百年の歳月がかかったことがわかります。ただ、保延六年（一一四〇年）の巡拝をもとにした『七大寺巡礼私記』では、大安寺について金堂、四面歩廊（回廊）、講堂、東塔、八幡社、西室（西僧房）があげられ、西塔と東室はその跡で礎石だけが残るとされていますので、奈良時代の大安寺の大伽藍の完全な再現はついになされることはありませんでした。

平安時代の再建瓦には、奈良時代の復古的な文様をもつ軒瓦、複弁蓮華文の中房に巴文を入れたもの、巴文のもの（これらは十一世紀から十二世紀のものとみられます）が用いられたようですが、これらは出土量が少なく、再建された建物すべてが瓦葺ではなかった可能性も考えられます。

## 平安時代末から鎌倉時代にかけて奈良の大寺は衰微

『七大寺巡礼私記』を著した大江親通は、諸寺の破損の進み具合はさらにひどくなり、堂舎や仏像は拝見しようとしたものの破損が半分にも及んでいたと、南都の寺が衰退しているのを嘆いています。平安時代末から鎌倉時代にかけては、奈良の大寺のどこも経済的な苦境に陥り、七大寺の中でも「元興、大安、西大等の寺は、その衰微するところ、紹隆するの力なし」という状態になっていました。

大安寺では創建以来の東塔の破損がとくに著しかったようで、元久元年（一二〇四年）に修理のための勧進が行われていますが、充分な修理が行えなかったようです。東大寺の宗性が大安寺別当を勤めた建長五年（一二五三年）以後に、東塔の修理、文永三年（一二六六年）以後に南大門、金堂の修理が行われ、東西南の大垣（築地塀）と宝塔（東塔）四方大垣が築かれています。鎌倉時代まで残り、宗性が修理を施した東塔も、その後、落雷で失われてしまいます。

## 室町時代、大安寺は興福寺の支配下に

室町時代に入ると、大安寺は興福寺の支配下に入ったようです。貞和元年（康国六年・一三四五年）に興福寺造営料の一部を大安寺に移しており、大安寺の建物の修理が行われたとみられますが、室町時代の瓦は大安寺旧境内からはほとんど出土しません。大安寺境内には興福寺大乗院の祈願所である己心寺《こしんじ》が建てられ、大乗院墓所が営まれるようにもなります。

至徳二年（一三八五年）に僧房（長老坊）が焼けていますが、大安寺の堂舎はこのとき、すべて炎上したとされ、足利義満の時期に、境内は四町四方に縮小されたともいいます。また、長禄三年（一四五九年）九月の台風で回廊が倒壊します。後花園天皇の時期の大地

震で大安寺の堂舎が頽破したという伝承もあるのですが、これは台風のようです。

文明七年（一四七五年）に大安寺金堂には、講堂や食堂の本尊、塔の四仏などが安置されていたことが知られており、このとき大安寺には金堂と文殊堂以外の建物はすでに存在していないことがわかります。永禄九年（一五六六年）、筒井順慶が松永久秀の多聞城を攻めたとき、大安寺南大門前で一戦があり、元亀三年（一五七二年）にも大安寺の門前で松永方と筒井方の合戦があったことが知られていますが、「門前」とあるので、南大門が存在していたらしいことがわかります。

## たびたびの地震で江戸時代の大安寺再興はかなわず

江戸時代、正徳元年（一七一一年）に奈良奉行所に出された「大安寺再興願」によれば、天正の頃に大安寺の寺領はことごとく没収され、「同十三年（一五八五年）の大地震に堂舎が大破に及び、又慶長元年（一五九六年）の大地震に堂舎悉く破滅」とあります。天正の頃には、大安寺は西大寺の真言律に属していたようで、大安寺の寺僧は西大寺に退き、江戸時代にはその法統を引く海龍王寺僧が大安寺寺務職を兼任、あるいは海龍王寺と般若寺が隔年で預かっていたようで、「再興願」は海龍王寺僧から提出されています。

「再興願」にある「十三年の地震」とは、天正十三年十一月二十九日夜に発生した地震に該当するとみられます。この地震は近畿、東海、中部、北陸、甲信越地方に起こった大地震で、キリシタン宣教師のルイス・フロイスの『日本史』には「普通の揺れ方ではなく、船が両側に揺れる様に四日四晩休みなく続いた。人々は肝をつぶし、呆然自失の状態になり、家の中に入ろうとはしなかった。身の毛もよだつような恐ろしい轟音が続き地底から発していた」と記されています。奈良では、興福寺の『多聞院日記』に、興福寺の築地塀が崩れ、このあとも年末までたびたび地震が起こったと記されています。残っていた大安寺金堂も、この地震で倒壊したようです。

天正十八年（一五九〇年）十二月には、この倒壊していた大安寺本堂（金堂）を一晏法《いちあんぽう》印《いん》が修理し、おおむねでき上がったと『多聞院日記』には記されています。おそらく、これは仮金堂のようなものだったのではないでしょうか。この再興された本堂も、慶長の地震でまた倒壊し、これで大安寺は壊滅してしまいます。この慶長の地震は文禄五年（一五九六年）閏七月十三日に近畿地方を襲った慶長伏見地震とみられます。豊臣秀吉が造った京都方広寺の大仏や、伏見城（指月城）の天守と石垣を崩壊させ、畿内で数万人の死者を出したという地震で、文禄から慶長への改元理由もこの地震のためだとされています。

改元後も、この年には巨大地震が多発しています。慶長伏見地震は阪神淡路大震災と同じく有馬・高槻断層帯、および六甲・淡路島断層帯が震源とされ、奈良では興福寺の建物や法華寺の金堂が倒れ、唐招提寺の戒壇が崩れています。再興された大安寺の本堂も倒壊したため、寺僧は寺を去らざるを得なかったようです。

その後、阿誰という盲人が、霊跡が絶えようとしているのを嘆き、残された観音像を祀った二間四面堂の観音堂を作り、大安寺のしるしとしたと伝えられています。江戸時代の大安寺再興はかなわず、王家の寺の由緒を持ち、奈良時代、国家筆頭の大寺であった大安寺はこうして衰退します。

明治以後、現在の大安寺が再興されるまで、大安寺は、奈良の町の南にある村の名前、地名のように思われるようになってしまったのです。

## まとめにかえて

大安寺は天皇（大王《おおきみ》）が最初に建てた百済大寺に始まります。高市大寺、大官大寺といった「大寺」とは本来、王家の寺を指す言葉だとみられます。九重塔や七重塔というような大塔の存在は大寺の象徴といえますが、大寺とは単に規模の大きさだけでなく、偉大な大王の寺という意味をもち、王家、王宮の護持のために王宮と対になるものであったと思われます。

七世紀の後半には、都にあった飛鳥寺、川原寺、薬師寺も大寺に位置づけられ、国家が直接に運営に携わる四大寺になります。王宮を護持するためには、遷都とともに大寺も移す必要があり、平城宮を護持するために大安寺、薬師寺、元興寺、興福寺が新京に造営されたと考えられます。このなかでも大安寺は大寺の筆頭であり、国家第一の寺であったのです。

奈良時代になって、まず求められたのは、国家鎮護を担う僧侶の養成とその能力の向上です。そのために大安寺は道慈によって、大官大寺伽藍計画をもとに、多数の僧侶が止住可能な長大な僧房を備えた伽藍に改造されたのだとみられます。僧房の重視は、大安寺の東西の大塔が奈良時代の後半から末頃に造営されていることからもうかがうことができます。

西塔を建設し大安寺を完成させたのは、光仁天皇、桓武天皇だとみられます。奈良時代の天皇は天武天皇の系譜であったのが、光仁天皇以後、天智天皇の王統になり、平安時代に続きます。光仁天皇や桓武天皇といった天智天皇の王統の天皇にとっても、大安寺は、王家の始祖ともいえる舒明天皇が造営した、王家の寺の由緒を持つ寺であることには変わりがありません。現在の大安寺にはこの時期の仏像が多く伝えられ、光仁天皇を偲ぶ光仁会が催されているのも故なきことではありません。

西塔が雷火でまず失われ、平安時代には、奈良時代の大伽藍は東塔を除き失われてしまいます。東塔も鎌倉時代に雷火で失われ、平安時代に再建された伽藍も徐々に失われ、残っていた建物も天正、慶長の地震ですべてが失われてしまいました。ただ、大安寺の地下には、今もかつての壮大な大寺の遺跡が残されています。

大安寺歴史講座で六回に分けて大安寺の遺跡の発掘調査の話をしてもらいたいと、河野良文大安寺貫主からご依頼がありました。二十歳代から大安寺の発掘調査に携わらせていただいていることもありますし、少しでも多くの方々に大安寺について知っていただきたいと思い、引き受けさせていただきました。そして、南都七大寺の中で大安寺について書かれたものだけが、これまであまりにも少ないということもあって、話の内容を書き起こすことを承諾させていただいた次第です。今後も大安寺の発掘調査は続き、調査が進めば、内容を書き改めなければならないこともあるかと思われますが、現在の段階でわかったことをまとめてみました。

大安寺についてのこれまでの多くの方々のご研究を参考にしており、本来なら、そのご研究をいちいちあげてお断りするべきですが、巻末に参考文献としてまとめて掲載することでお許し願います。図版を提供、掲載をご許可いただいた奈良文化財研究所、奈良市教育委員会、出版の機会をお与えくださった河野良文大安寺貫主、講座の実施と内容の書き起こしに苦戦されたナラ・スタッグ・クラブの方々、編集のＳＰプロデュースの木下健二さん、資料収集や校正の援助をしてくれた家人に心から感謝申し上げます。

一人でも多くの方に大安寺や大安寺の遺跡について知っていただくことを願ってやみません。

平成二十八年二月

## 【大安寺関係年表】

舒明十一年　六三九　大宮と大寺をつくる。百済川のほとりに九重塔を建てる。『日本書紀』
百済川のほとりに子部社を切り拓いて、九重塔を建てる。
百済大寺と号す。『大安寺伽藍縁起并流記資財帳』（以下『資財帳』）
舒明十三年　六四一　舒明天皇死去『日本書紀』
皇極元年　六四二　百済大寺を建てるため近江と越の人々を動員　『日本書紀』
大化元年　六四五　中大兄皇子・中臣鎌足ら蘇我入鹿を暗殺（乙巳の変）
恵妙法師を百済寺の寺主とする。『日本書紀』
白雉元年　六五〇　丈六仏など三十六体の繍仏をつくらせる。『日本書紀』・『資財帳』
白雉二年　六五一　丈六の繍仏等が出来上がる。『日本書紀』・『資財帳』
天智七年　六六八　丈六釈迦仏像脇侍菩薩等を百済大寺に安置『扶桑略記』・『資財帳』
天武元年　六七二　壬申の乱起る。
天武二年　六七三　天武天皇、飛鳥浄御原宮で即位「造高市大寺司」を任命する。『日本書紀』
百済の地から高市の地へ寺が移る。『資財帳』
天武六年　六七七　高市大寺を改めて大官大寺とする。『資財帳』
天武九年　六八〇　大官大寺、川原寺、飛鳥寺が「大寺」となる。『日本書紀』
天武十一年　六八二　日高皇女の病のため大官大寺で一四〇余人を出家させる。『日本書紀』
天武十四年　六八五　大官大寺、川原寺、飛鳥寺で経をよませる。『日本書紀』
朱鳥元年　六八六　観音像をつくり観音経を大官大寺に説かしむ。『日本書紀』
天武天皇死去。持統天皇即位『日本書紀』
持統八年　六九四　藤原宮へ移る。『日本書紀』
文武元年　六九七　文武天皇即位

大宝元年　七〇一　僧尼令を大安寺（大官大寺）で説かしむ。造大安（大官大寺）官と造薬師寺官を寮に準じ、造塔官と造丈六官を司に準じる。『続日本紀』
大宝二年　七〇二　造大安寺（大官大寺）司を任命『続日本紀』
（文武天皇、九重塔、金堂、丈六仏をつくる。『資財帳』）
遣唐使派遣（道慈が渡唐）
大宝三年　七〇三　持統太上天皇死去、四大寺で設斎。
持統太上天皇のために大安（大官大寺）・薬師・元興（飛鳥）・弘福（川原）の四寺で設斎『続日本紀』
和銅三年　七一〇　平城に遷都する。
和銅四年　七一一　大官等（大）寺ならびに藤原宮焼亡する。『扶桑略記』
霊亀二年　七一六　始めて（大寺を）平城京左京六条四坊に移立つ。『続日本紀』
養老二年　七一八　道慈、唐から帰国
天平元年　七二九　聖武天皇、道慈に大寺を改造させる。『扶桑略記』
道慈、律師に任じられる。『続日本紀』
天平七年　七三五　大安、薬師、元興、興福の四寺に大般若経を転読させる。『続日本紀』
天平八年　七三六　天竺僧菩提僊那、林邑僧仏徹（哲）、唐僧道璿らが来日、大安寺に止住『続日本紀』
天平九年　七三七　道慈、大般若経の転読について、聖武天皇に言上『続日本紀』
天平十六年　七四四　道慈死去（大安寺遷造を勅によって勾当、工巧もっとも妙、匠手歎服）『続日本紀』
天平十七年　七四五　大官大寺を改め、寺名を大安寺とする。『扶桑略記』
天平十九年　七四七　『大安寺伽藍縁起幷流記資財帳』できる。『資財帳』
天平感宝元年　七四九　大安、薬師、元興、興福、東大五寺に絁・綿・布・稲・墾田地を施入。『続日本紀』
天平勝宝四年　七五二　東大寺大仏開眼供養
天平勝宝八年　七五六　聖武上皇死去
天平神護二年　七六六　大安寺東塔震う（落雷か）。『続日本紀』

| | | |
|---|---|---|
| 天平神護三年 | 七六七 | 称徳天皇、大安寺へ行幸。造寺大工に叙位『続日本紀』 |
| 神護景雲元年 | 七六七 | 高市郡高市里の古寺地西辺の田二町などを大安寺に献入『類聚三代格』 |
| 神護景雲三年 | 七六九 | （早良親王（皇子大禅師）が東大寺羂索院から大安寺東院に移るとする。）『東大寺要録』 |
| 宝亀元年 | 七七〇 | 光仁天皇即位。 |
| 宝亀七年 | 七七六 | 佐伯真守、今毛人、佐伯院の用地として大安寺から土地を購入『正倉院文書』 |
| 天応元年 | 七八一 | 桓武天皇即位。早良親王立太子 |
| 延暦元年 | 七八二 | 大安寺で光仁太上天皇の一周忌の設斎『続日本紀』 |
| 延暦三年 | 七八四 | 都を長岡へ移す。 |
| 延暦四年 | 七八五 | 皇太子早良親王廃され、淡路へ流される途中で死去 |
| 延暦九年 | 七九〇 | 大安寺で桓武天皇の生母、高野新笠一周忌の設斎『続日本紀』 |
| 延暦十年 | 七九一 | （興福寺四天王像の修理銘にこの年造立された大安寺像とする） |
| 延暦十三年 | 七九四 | 新京に移り、平安京と命名 |
| 大同元年 | 八〇六 | 桓武天皇死去。五七斎を大安寺、秋篠寺で行う。『日本後記』 |
| 大同二年 | 八〇七 | 行教が大安寺に八幡神を祀る『大安寺八幡宮御鎮坐記』 |
| 天長六年 | 八二九 | 空海、大安寺別当に補任される『高野春秋編年輯録』 |
| 貞観元年 | 八五九 | 神宣により石清水八幡を山城男山に祀る『大安寺八幡宮御鎮坐記』 |
| 貞観十八年 | 八七六 | 大安寺塔震動（落雷か）『三代実録』 |
| 元慶四年 | 八八〇 | 十市郡百済川辺の田と高市郡夜部村の田を大安寺に返還『三代実録』 |
| 延喜十一年 | 九一一 | （講堂・三面僧房が焼失『二代要記』） |
| 天暦三年 | 九四九 | 雷火により西塔焼失『日本紀略』 |
| 永祚元年 | 九八九 | 大風により大安寺塔の露盤が落ちる『東大寺要録』 |
| 長保元年 | 九九九 | 藤原行成。大安寺は修造が行き届き、殊なる破損なしとする。『権記』 |
| 寛仁元年 | 一〇一七 | 東塔以外の大安寺伽藍が全焼、金堂本尊のみ運び出され救われる。『日本紀略』・『御堂関白記』・『扶桑略記』・『七大寺巡礼私記』 |
| 長元八年 | 一〇三五 | 大安寺別当鴻助が金堂造立の功によって法橋の位が与えられる。『僧綱補任』 |

寛治四年　一〇九〇　講堂、南大門、西塔を除き、この頃までに再建。『京都御所東山御文庫記録』
承徳二年　一〇九八　この頃までに講堂が新造される。『中右記』
永久四年　一一一六　大安寺別当永縁が鐘楼、経蔵など伽藍修理の功を賞せられる。『僧綱補任』
保延六年　一一四〇　大江親通が南都七大寺を巡拝。『七大寺巡礼私記』
元久元年　一二〇四　東塔修理のための勧進を行う。『春華秋月抄』
建長五年　一二五三　宗性が大安寺別当となり、その任中に東塔を修理する。『東大寺文書』
文永三年　一二六六　宗性が再度、大安寺別当となり、南大門、金堂を修理、東塔の築地をつくる。『東大寺文書』
貞和元年(康国六年)一三四五　興福寺造営料の一部を大安寺に移す。『春日神社文書』
至徳二年(元中二年)一三八五　大安寺長老坊が盗賊によって焼かれる。『庁中漫録』
長禄三年　一四五九　大風で金堂東西回廊が倒壊。『大乗院寺社雑事記』
文明七年　一四七五　興福寺大乗院尋尊が大安寺金堂と文殊堂を参拝。金堂に、講堂や食堂の本尊、塔の四仏などが安置されることを記す。『大乗院寺社雑事記』
元亀二年　一五七一　松永久秀、大安寺に陣取り、筒井方の辰市城を攻め敗北　『多聞院日記』
天正十三年　一五八五　天正大地震で金堂が倒壊。『鏑木家文書』
天正十八年　一五九〇　大安寺本堂（金堂）が修理される。『多聞院日記』
文禄五年　一五九六　慶長伏見地震によって大安寺の堂舎破滅　『鏑木家文書』
延宝三年　一六七五　大安寺には護摩堂一宇残るとする。『南都名所集』
正徳元年　一七一一　海龍王寺の高籤が「大安寺再興願」を奈良奉行所へ提出。『鏑木家文書』
享保二十一年　一七三六　大安廃寺と記し、護摩堂、地蔵堂僅かに残る。『大和志』
明治四十五年　一九一二　石堂恵猛と牧啓造が「大安寺再興趣意書」をつくり、再興事務所を設置
大正十年　一九二一　大安寺塔跡が国の史蹟に指定される。
昭和十五年　一九四〇　河野清晃氏が大安寺住職に就任
昭和四十三年　一九六八　旧境内全域が史跡に追加指定、史跡大安寺旧境内と指定名称変更

## 【参考文献】


奈良国立文化財研究所　二〇〇三年『吉備池廃寺発掘調査報告－百済大寺跡の調査－』
飛鳥資料館　一九八五年『大官大寺－飛鳥最大の寺－』
福山敏男　一九四八年『奈良朝寺院の研究』
福山敏男　一九六八年「大安寺及び元興寺の平城京への移建の年代」『日本建築史研究』
奈良国立文化財研究所　一九七五～一九八三年『飛鳥・藤原宮発掘調査概報五～一三』
大岡實　他　一九五五年「大安寺南門・中門及び回廊の発掘」『建築学会論文集　五〇』
杉山信三　一九六四年「大安寺講堂等発掘調査概報」『大和文化研究八－一一』
八賀晋　一九六七年「大安寺発掘調査概要」『奈良国立文化財研究所年報一九六七』
宮本長二郎　他　一九七五年「大安寺鐘楼・僧房の調査」『奈良国立文化財研究所年報一九六七』
奈良県立橿原考古学研究所　一九七五～一九七九年『奈良県遺跡調査概報』
奈良市教育委員会　一九七八年『平城京左京六条三坊発掘調査概報』
奈良市教育委員会　一九八〇～一九八五年『奈良市埋蔵文化財調査報告書』
奈良市教育委員会　一九八六～二〇〇七年『奈良市埋蔵文化財調査概要報告書』
奈良市教育委員会　二〇〇八年～　『奈良市埋蔵文化財調査年報』
奈良市教育委員会　一九九七年　『史跡大安寺旧境内Ｉ』
井手町教育委員会　二〇〇三年　『石橋瓦窯発掘調査概報　平成１４年度』
井手町教育委員会　二〇一一年　『石橋瓦窯発掘調査報告書－第２～８次調査』
太田博太郎　他　一九七七年『大和古寺大観　第３巻』
太田博太郎　一九七九年『南都七大寺の歴史と年表』
木村博一　他　一九七八年『奈良市災害編年史』
大安寺　一九八四年『大安寺史・史料』
大安寺　一九九五年『南都大安寺論叢』
村田治郎　一九五四年「薬師寺と大安寺の占地」『史跡と美術　二四〇号』
宮本長二郎一九八三年「奈良時代における大安寺・西大寺の造営」『日本古寺美術全集６』
中井公　一九九七年「「大安寺式軒瓦」の年代」『堅田直先生古希記念論文集』
中井公　二〇〇七年「軒瓦からみた大安寺西塔の創建をめぐって」『考古学論究』
原田憲二郎　二〇〇九年「大安寺旧境内から出土した平安時代以降の瓦」『奈良市埋蔵文化財年報　２００５年度』
原田憲二郎　二〇一一年「「大安寺式」軒瓦の成立」『奈良市埋蔵文化財年報　２００８年度』
神野恵　二〇一〇年「大安寺陶枕再考」『河南省鞏義市黄冶窯跡の発掘調査概要』
森下恵介　二〇一四年「平城京における大安寺の造営計画」『都城制研究８』

# 大安寺歴史講座シリーズの刊行にあたって

大安寺は上代における日本仏教の源泉ともいうべき寺院でした。聖徳太子建立と伝わる熊凝精舎《くまごりしょうじゃ》に淵源を持ち、舒明《じょめい》天皇による最初の官大寺として仏教の黎明期を支え、天武朝には、高市大寺《たけちのおおてら》、大官大寺《だいかんだいじ》と変遷して仏教導入による日本の国家形成の主軸となったのでした。

さらに平城京遷都に伴って今日の地に移されて大安寺となり、二十五万平方メートルにおよぶ広大な寺域に九〇余棟の建物が立ち並び、八八七名という学侶が居住して、仏教の基礎研究の拠点となり、仏教文化の受容と伝播に重要な役割を果たしたのです。

今日の大安寺は、古の大伽藍は地下遺構に埋もれ、往年の巨大寺院の影をすっかり潜めてしまいましたが、旧境内全域が国の史跡に指定され、また、天平時代の仏像九体が残されて仏法を伝え、その歴史的意義を今に伝えています。

大安寺歴史講座は、今日までの様々な研究や発掘による成果に基づき、人々の記憶の中に埋没した大安寺の歴史を掘り起こし、その宗教的意義や文化的意義を再認識し、新たな知見を得ると共に、それらを記録にとどめていくことを目指しています。

大安寺の旧伽藍を復元していくことは寺院としての第一義ではありません。むしろ今日的境内整備と相俟って、かつての大安寺の存在が掘り起こされ、人々の間に認識されて、その精神的な復興につながることになれば望外の喜びです。

大安寺貫主　河野《こうの》良文《りょうぶん》

森下惠介（もりした　けいすけ）
1957年奈良県生まれ。立命館大学文学部卒業。1979年より奈良市教育委員会に勤務。大安寺旧境内や平城京跡の発掘調査に従事。山と人の関わりを考古学的に明らかにする『山の考古学』、奈良名所や観光史研究にも考古学的見地から取り組んでいる。奈良山岳遺跡研究会代表。奈良県立橿原考古学研究所共同研究員。

**大安寺の歴史を探る**
**大安寺歴史講座 2**

2016年7月1日　　初版第1刷発行

著　　者　森下 惠介
発 行 者　河野 良文
編　　者　南都 大安寺
〒630-8133　奈良市大安寺町2-18-1
TEL 0742-61-6312　FAX 0742-61-0473
ホームページ　http://www.daianji.or.jp/
編集協力　(有) S P プロデュース/Nara Stag Club
発 売 元　東方出版(株)
〒543-0062　大阪市天王寺区逢阪2-3-2
TEL 06-6779-9571　FAX 06-6779-9573
印 刷 所　(株)マックフィールド

ISBN978-4-86249-262-3